Christoph Eichhorn

Bei schlechten Noten helfen gute Eltern

Wie Sie Ihre Kinder klug fördern und richtig coachen

Klett-Cotta

Christoph Eichhorn
Diplom-Psychologe
www.bei-schlechten-Noten-helfen.ch

MIX
Papier aus verantwor-
tungsvollen Quellen
FSC® C083411

Klett-Cotta
www.klett-cotta.de
© 2011 by J. G. Cotta'sche Buchhandlung
Nachfolger GmbH, gegr. 1659, Stuttgart
Alle Rechte vorbehalten
Printed in Germany
Umschlag: Rothfos & Gabler, Hamburg
Gesetzt aus der Minion von Dörlemann Satz, Lemförde
Gedruckt und gebunden von CPI – Clausen & Bosse, Leck
ISBN 978-3-608-94603-1

Dritte Auflage, 2014

Bibliografische Information der Deutschen Nationalbibliothek
Die Deutsche Nationalbibliothek verzeichnet diese Publikation in der
Deutschen Nationalbibliografie; detaillierte bibliografische
Daten sind im Internet über <http://dnb.d-nb.de> abrufbar.

Inhaltsverzeichnis

Einleitung

Schneiders winkten resigniert ab: »Auf die schulische Entwicklung von Julian haben wir doch keinen Einfluss. Das hängt doch alles vom Lehrer ab.« Meinten sie.

In Wirklichkeit ist es genau umgekehrt.

Im Oktober 2009 präsentierte Martin Neuenschwander die Ergebnisse seiner Aufsehen erregenden Langzeitstudie. Der Einfluss der Eltern auf die Schulleistungen ihres Kindes ist enorm:

- Die Leistungen der Kinder in Deutsch und Mathematik werden zu 30 bis 50 Prozent durch die Erwartungen und Verhaltensweisen der Eltern bestimmt
- Die Art, wie Lehrpersonen unterrichten, erklärt hingegen gerade einmal 5 bis 15 Prozent der Schülerleistungen
- Die Erwartungen der Eltern beeinflussen auch die Notengebung. Bei gleicher Leistung geben die Lehrkräfte einem Kind von Eltern mit hohen Bildungserwartungen die besseren Noten
- Die Erwartungen der Eltern tragen sogar wesentlich dazu bei, ob ein Schüler eine Lehre macht oder das Gymnasium besucht.

Martin Textor arbeitet am Staatsinstitut für Früherziehung in München und ist einer der anerkanntesten deutschsprachigen Bildungsexperten. Er fasst die Studien über den elterlichen Einfluss auf die Schulleistung wie folgt zusammen: »Alle diese Untersuchungen verdeutlichen die große Bedeutung der Familie für das Kind. Offensichtlich ist, dass in der Familie extrem viel gelernt wird, vor allem (…) Lernmotivation, Neugier, Leistungsbereitschaft, Interessen, Werte, Selbstkontrolle, Selbstbewusstsein, soziale Fertigkeiten.« (2009) Und die Bildungsforschung konnte klar belegen, dass genau diese Faktoren ausschlaggebend für den Lernerfolg sind.

Vielleicht zweifeln Sie immer noch daran, dass Sie als Eltern einen so großen Einfluss auf die schulische Entwicklung Ihres Kindes haben sollen? Dann ist das kein Wunder. Denn all diese Studien wurden in der Laienpresse nie so aufgegriffen, wie sie das eigentlich verdient hätten.

Aber natürlich gibt es noch zahlreiche weitere Belege für den großen elterlichen Einfluss auf die Schulleistung der Kinder. Und zwar bereits aus dem Jahr 1966! Damals erschien der in der Fachpresse enormes Aufsehen erregende Coleman-Report. Die Studie stützt sich auf ein schier unglaublich breites Datenmaterial. Es wurden über 600 000 (in Worten sechshunderttausend) amerikanische Schüler der Primar- und Sekundarstufe untersucht. Die Autorengruppe um James Coleman kam zu dem Ergebnis, dass Schulen nur einen geringen oder gar sehr geringen Einfluss auf den Schulerfolg von Schülern haben.

Und das Fazit der größten Langzeitstudie der USA (NICHD Studie I und II – US National Institute of Child Health and Development, 2003) zur Bedeutung frühkindlicher Betreuung für die Entwicklung des Kindes lautet: Die Qualität des familiären Umfeldes beeinflusst die Entwicklung des Kindes am stärksten. Und zwar in der sozialen und schulischen Entwicklung wie Lesen, Mathematik, soziale Kompetenz, Konfliktverhalten, sozialemotionale Entwicklung und Arbeitshaltung.

Als Eltern haben Sie einen fundamentalen Einfluss auf den Lernerfolg und die Schulleistung Ihres Kindes.

Dieses Buch zeigt Ihnen,

- wie Sie mit Ihrer Haltung das Lernen Ihres Kind positiv beeinflussen
- wie Sie bereits im Vorfeld des Lernens die Weichen für einen guten Lernerfolg stellen
- wie Sie Ihr Kind in schwierigen Lernsituationen am besten coachen
- warum eine gute Lern- und Arbeitshaltung so wichtig ist und wie Sie diese fördern
- wie Sie Ihrem Kind bei schlechten Noten Halt geben
- wie Sie die wichtigsten Faktoren für erfolgreiches Lernen nachhaltig verstärken
- und wie Sie vermeiden, dass aus Schulproblemen Familienprobleme werden.

Zu diesen Themen finden Sie zahlreiche Vorschläge und Anregungen. Diese können und sollen Sie gar nicht alle sofort umsetzen. Wählen Sie einfach diejenigen aus, die zu Ihnen und Ihrem Kind am besten passen. Sie werden positiv überrascht sein, wie komplex, aber auch wie spannend anscheinend so trockene Themen wie Hausaufgaben und Lernen in Zukunft für Sie sein werden.

Natürlich kann dieses Buch nicht alles. Es kann nicht aus jedem Kind einen Musterschüler machen, der überwiegend gute Noten schreibt, gerne lernt, die Schule interessant findet und begeistert von seinen Lehrern ist. Lern-, Hausaufgaben-, Noten- und Schulprobleme können hartnäckig sein. Das ist nicht Ihre Schuld. Diese Probleme sind auch nicht durch schnelle Tricks einfach zu lösen.

Die Anregungen dieses Buches haben aber den meisten Eltern dabei geholfen, ihr Kind in der Schule besser zu unterstützen.

Es ist mir ein Anliegen, all denen zu danken, die durch ihre Fragen und Anregungen zu diesem Buch beigetragen haben, besonders Frau Diplom-Psychologin Ines Böhler für ihre wertvolle Hilfe und Herrn Alfred Vanselow, der als Korrektor die Entstehung des Manuskripts sorgfältig begleitet hat.

Kapitel 1

Warum lernen und Hausaufgaben machen, wenn die Schule Schwachsinn ist?

Als ich den Jugendfreund, der wusste, dass ich als Schulpsychologe arbeite, nach vielen Jahren zufällig einmal wieder treffe, platzt der sofort heraus: »Die Schule wird immer schlimmer. Was die Lehrer heute für Aufgaben geben – der reinste Schwachsinn.« Sein elfjähriger Sohn, offensichtlich das unschuldige Opfer schulischen »Schwachsinns«, steht daneben. Weil ich nicht will, dass der Junge weitere negative Aussagen seines Vaters über die Schule und seine Lehrer anhören muss, frage ich meinen Bekannten: »Und wie sieht das deine Frau?« In der Hoffnung, dass diese vielleicht die Dinge in anderem Licht sehen könnte. Die Antwort kommt prompt: »Natürlich gleich wie ich!« Da bin ich erst mal sprachlos. Das nutzt mein Bekannter, um mir sofort im Detail zu erklären, wie seine Ansicht zustande gekommen ist. Die ganze Zeit steht sein Sohn neben uns. Auch wenn er nicht aufmerksam zuzuhören scheint: Die Botschaft seines Vaters bekommt er genau mit.

Stellen Sie sich vor, Sie besuchen einen Buchhaltungskurs, der Sie in Ihrem Beruf weiterbringen soll. Da die Kurse abends stattfinden und Sie in Teilzeit berufstätig sind, waren Sie schon ein paarmal knapp davor, aufzugeben. Eines Abends schaut sich Ihr Partner, der selbst auf diesem Gebiet arbeitet, Ihre Unterlagen durch und erklärt: »Das ist doch völlig unwichtig, was

du da lernst. Was haben die für einen idiotischen Lehrplan?«
Würde Sie das motivieren, weiter durchzuhalten?

Szenen wie die mit meinem Bekannten spielen sich in
Deutschland hunderttausend Mal pro Tag ab. Mütter und Väter sprechen mit ihren Partnern oder mit anderen Müttern und
Vätern über die aus ihrer Sicht unmöglichen Verhältnisse in
der Schule, die Unfähigkeit der Lehrer, den »Schwachsinn« mit
den Hausaufgaben. Die Kinder sitzen dabei und hören zu.

Kinder haben feinste Antennen für Ihre Stimmungen und
Haltungen. Unbewusst saugen sie Ihre Einstellung auf und ma-
chen sie zu ihrer eigenen. Eine negative Haltung gegenüber
Schule, Lernen und Lehrer entsteht.

Das Ergebnis: Ungewollt schwächen täglich Tausende von
Eltern mit unüberlegten Aussagen die Lern- und Arbeitshaltung ihrer Kinder.

 **Sie sind Vorbild für Ihr Kind. Ihre Haltung zu Schule und Ler-
nen strahlt auf Ihr Kind aus.**

Soll das bedeuten, dass man als Eltern keine Kritik mehr an der
Schule äußern darf? Natürlich nicht. Aber nicht vor dem Kind.
Und vor allem nicht in einer Form, die Lernen und Schule
abwertet. Selbst wenn Sie manchmal an Schule, Hausaufgaben
oder Lernen verzweifeln möchten, stimmen Sie nicht in die
Klagen Ihres Kindes ein. Zeigen Sie ihm hingegen, wie es die
anstehenden Herausforderungen erfolgreich überwindet. Wie
Sie dabei vorgehen, erfahren Sie in diesem Buch.

*Nicht schlecht aber die
Schule / Lehrer Mchn.*

1 Ist Ihr Kind stolz darauf, dass es in die Schule darf?

Von einem Schulhaus kann bei diesem Gebäude nicht die Rede sein. Es ist eine alte Lehmhütte, in der sich lediglich Stühle, Tisch und eine Tafel befinden. Einfacher als einfach. Es gibt nur zwei Klassen. Für die älteren Schüler die obere und für die jüngeren die untere. Ein Lehrer unterrichtet alle Schüler. Damit hat es sich. Keine weitere Infrastruktur. Keine Computer, keine Turnhalle, kein Schulhof, nur wenige Schulbücher. Aber das Wunderbare daran ist: Die Schüler dieser Schule sind stolz darauf, überhaupt in die Schule gehen zu dürfen. Wer sie beim Lernen beobachtet, dem fällt gleich auf: Diese Schüler sind voll bei der Sache.

Diese Schule steht in Afrika, irgendwo in einem kleinen Dorf. Die Schüler haben Glück. Sie haben eine Schule und einen Lehrer. Das weiß das ganze Dorf zu schätzen. Eltern, Onkel, Tanten, Cousinen und alle anderen. Und deren Haltung strahlt aus. Und zwar auf ihre Kinder. Deshalb sind diese stolz, dass sie in die Schule dürfen. Und strengen sich dort richtig an.

Im Nachbardorf steht gar keine Schule. Die Kinder würden gerne in die Schule gehen – können aber nicht.

Und bei uns im deutschsprachigen Raum? Da ist die Situation leider oft genau umgekehrt. Alle Kinder dürfen die Schule besuchen – aber die wenigsten sind stolz darauf und verbinden damit Positives. Und Presse, Politiker und andere Meinungsmacher hören nicht auf, von unserer Schule ein schlechtes Bild zu zeichnen. Nicht einmal der damalige Bundeskanzler Gerhard Schröder war sich zu schade dafür, in populistischer Manier diese Klaviatur zu bedienen und schalt Lehrer öffentlich als »faule Säcke«. Damit hat er niemandem geholfen. Aber vielen geschadet. Vor allem den Eltern, die dieses Vorurteil übernommen haben. Und an ihre Kinder weitergeben. Und das schadet ihrer Lernentwicklung. Und zwar massiv.

> **Machen Sie Schule und Lernen für Ihr Kind zu etwas Wichtigem und Wertvollem.**

Damit speisen Sie Energie in seinen Lernprozess ein. Und erleichtern ihm das Lernen. Und bei Schwierigkeiten durchzuhalten.

Manchmal gehen auch Prominente mit gutem Beispiel voran. Wie die Schauspielerin Ursula Karven. Sie sagte vor kurzem über den Lehrerberuf: »Sich täglich vor Teenager zu stellen, die alles andere im Kopf haben, nur nicht den Lernstoff, das ist eine ehrenvolle und bewundernswerte Aufgabe.«

Aber auch Erstklässler unterrichten ist sehr anspruchsvoll. Wenn zum Beispiel in einer Klasse 27 Schüler sind, von denen vier beim Rechnen besondere Hilfe brauchen, zwei besonders begabt sind, neun nur über unzureichende Deutschkenntnisse verfügen und sieben gerade mal fünf Minuten ruhig sitzen können.

Wir brauchen mehr solcher Menschen wie Ursula Karven. Wie wäre es, wenn auch Sie zum Botschafter für Schule und Lernen würden?

> **Stecken Sie Ihr Kind an – mit einer positiven Haltung zu Lernen und Schule.**

Dann lernt Ihr Kind in der Schule aufmerksamer und zu Hause engagierter.

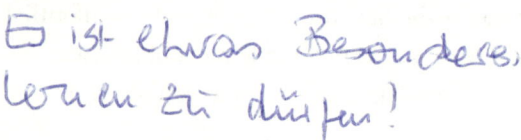

Es ist etwas Besonderes, lernen zu dürfen!

2 Wie Sie eine positive Bindung an Schule und Lernen fördern

- Interessieren Sie sich für das, was Ihr Kind in der Schule lernt. Fragen Sie nach. Sagen Sie: »Interessant, kannst du mehr darüber sagen?«
- Greifen Sie Fragen Ihres Kindes zum Lernstoff oder aus der Schule auf. Vertiefen Sie mit ihm gemeinsam die aufgeworfenen Fragen, indem Sie zum Beispiel im Schulbuch nachschauen, sich im Internet oder anhand anderer Quellen orientieren.
- Betonen Sie die positiven Seiten an den Themen, die die Kinder aus der Schule mitbringen: Statt: »Was die Römer gemacht haben, interessiert doch heute kein Mensch mehr«: »Interessant, was die Römer schon alles gemacht und gewusst haben. Erzähl mehr davon. Was weißt du noch alles?« Schlagen Sie vor, am nächsten Wochenende eine Römersiedlung zu besuchen oder gehen Sie mit Ihrem Kind in die Stadtbücherei, um ein Buch über Römer auszuleihen. Oder recherchieren Sie gemeinsam im Internet. Oder schauen Sie sich einen Film über die Geschichte der Römer an und sprechen anschließend darüber. Wenn Sie dazu einige Freunde Ihres Kindes und vielleicht sogar noch deren Eltern einladen, verbringen Sie alle einen anregenden und interessanten Abend. Und wenn Sie dann, wenn alle gegangen sind, zu Ihrem Kind sagen: »Toll, dass dein Lehrer so interessante Themen behandelt«, machen Sie Ihr Kind stolz auf die Schule.

Drücken Sie Interesse und Wertschätzung gegenüber den in der Schule behandelten Themen und Inhalten aus. Damit werten Sie Lernen, Schule und Hausaufgaben für Ihr Kind auf.

Das müssen Sie nicht täglich tun. Aber es sollte eine gute Gewohnheit von Ihnen werden.

3 Auf Stärken bauen – Selbstvertrauen fördern

Die Note war schlecht – Leon war enttäuscht. Schulische Misserfolge sind für viele Kinder keine Seltenheit. Umso wichtiger ist, dass sie erleben, wo sie stark sind und was sie können.

Denn das stärkt ihr Selbstwertgefühl und fördert ihre Persönlichkeitsentwicklung.

Im Vergleich zum Lehrer ist Ihr Einfluss als Eltern gerade auf diesem Gebiet besonders hoch. Studien zeigen, wie wichtig es ist, dass Eltern in die Fähigkeiten ihrer Kinder Vertrauen haben. Je zuversichtlicher Eltern sind, dass ihre Kinder die Herausforderungen des Alltags meistern, desto mehr fördern sie damit die Entwicklung ihrer Kinder.

Achten Sie darauf, was Ihr Kind gerne macht und was es gut kann. Sprechen Sie mit Ihrem Kind darüber. Fertigen Sie gemeinsam eine Liste an, die Sie zum Beispiel an die Küchentür heften. Geben Sie Ihrem Kind ausreichend Gelegenheit und Zeit, sich diesen Dingen neben der Schule zu widmen.

> Denk an deine Stärken – das gilt für uns alle.

Sprechen Sie einmal pro Woche, beispielsweise gegen Ende des Abendessens, gemeinsam darüber, was jeder von Ihnen heute oder in den letzten Tagen gut gemacht hat oder was ihm gut gelungen ist. Versuchen Sie herauszuarbeiten, was ausschlaggebend für das positive Ergebnis war.

Als Leons Familie diese Übung am Donnerstagabend durchführt, sagt er: »Ich hab im Fußballtraining heute ein Tor ge-

Was hat man gut gemacht und warum?

schossen.« Auf die Frage seiner Mutter: »Prima, und wie hast du das geschafft?« fällt Leon nicht viel ein, außer: »Ich hab geschossen und der Ball war drin.« Das ist eine für Kinder typische Antwort. Sie lässt den Schluss zu, dass es sich um einen Zufallstreffer gehandelt haben könnte. Zufällig war Leon am richtigen Ort, zufällig hat er den Ball richtig getroffen, zufällig ging er rein. Mag sein, dass der Zufall eine Rolle gespielt hat. Diese Meinung stärkt aber nicht Leons Überzeugung, sich für diesen Erfolg engagiert und etwas beigetragen zu haben.

Manchmal, und gerade bei Kindern mit geringem Selbstvertrauen, müssen wir Eltern versuchen, sie von ihren Fähigkeiten und von ihrem Engagement zu überzeugen. Wie könnte das bei Leon aussehen? Immerhin ging er zuvor regelmäßig ins Training. Immerhin hat er sich dort angestrengt. Immerhin hat er dort trainiert, wie man schießt. Immerhin hat er dort trainiert, wie man im Spiel mitdenkt. Immerhin hat er versucht zu lernen, das ganze Spiel im Blick zu haben. Immerhin ist er dann in diesem Spiel an den richtigen Ort gelaufen, dort wo der Ball hinkam. Immerhin hat er auch bemerkt, dass der Ball zu ihm kam, weil er nicht gerade woanders hingeschaut hat. Immerhin hat er sich dann in die für einen guten Schuss notwendige Position gebracht. Immerhin hat er erkannt, dass sich ein Schuss aufs Tor jetzt lohnt, und hat den Ball nicht woandershin, beispielsweise zu einem Mitspieler abgegeben.

War es nun Zufall, oder war es eigenes Dazutun, dass der Ball schließlich im Tor gelandet ist? Diese Frage ist gar nicht wichtig. Wichtig ist vielmehr, dass Leon erkennt: »Ich kann die Dinge zwar nicht vollständig steuern, aber zumindest positiv beeinflussen. Wenn ich mich darum bemühe.« Und genau das fördert sein Kompetenzerleben.

Wenn ein Schüler eine gute Note schreibt, diese aber auf Zufall oder Glück zurückführt, so fördert dies nicht sein Kompe-

Überzeugung von den eigenen Fähigkeiten

tenzerleben. Wenn er hingegen angeben kann, je genauer umso besser, welchen Beitrag er dazu geleistet hat, dann stärkt das seine Überzeugung, wichtige Dinge seines Lebens beeinflussen zu können. Dann kann er das Resultat, bei entsprechender Anstrengungsbereitschaft, auch wiederholen. Und gerade dieses Gefühl, »Ich kann selbst etwas dafür tun« fördert seine Motivation, sich ein weiteres Mal anzustrengen.

Fördern Sie das Kompetenzerleben Ihres Kindes. Vor allem dort, wo es stark ist.

Kapitel 2

Kein Schüler schreibt absichtlich schlechte Noten

1 Kein Schüler schreibt absichtlich schlechte Noten

Nach außen wollte sich der 14-jährige Alexander natürlich nichts anmerken lassen. Aber innerlich tat ihm die schlechte Note weh. Sehr weh sogar. So sehr hatte er sich angestrengt, wieder war das Ergebnis schlecht. Zu Hause wollte er gar nicht drüber reden. Aus Enttäuschung über sich selbst, aus Angst vor Ärger mit seinen Eltern und auch, weil er seine Eltern nicht enttäuschen wollte. Diese Mischung negativer Gefühle hätte er aber nie vor jemandem zugegeben – nicht einmal ihm selbst waren seine Gefühle wirklich bewusst.

Hatten Sie in der Schule auch manchmal schlechte Noten? Wenn ja, dann nutzen Sie doch bitte diese Erfahrung, um sich jetzt in Ihr Kind hineinzuversetzen. Versuchen Sie sich einfach daran zu erinnern, wie das bei Ihnen war. An den Moment, als Ihnen der Lehrer mitteilte, die Note sei schlecht. An Ihre Gefühle in diesem Augenblick.

Wenn ich auf das Ergebnis einer Prüfung wartete, so war ich jedes Mal innerlich angespannt. Ich hoffte inständig, dass die Note diesmal gut sein würde. Fast betete ich dafür, dass sie diesmal gut sein möge. Gleichzeitig hatte ich Angst davor, dass sie

doch wieder schlecht sein würde. Als der Lehrer die Prüfungs-
hefte austeilte, blätterte ich jedes Mal aufgeregt und schnell
auf die Seite, auf der die Note zu finden war. Sie war wieder
schlecht. Jede schlechte Note löste immer einen kleinen Schock
aus. Immer auch die Angst, im Vergleich zu den anderen etwas
dümmer zu sein. Dabei war ich als über Jahre hinweg schlechter Schüler, der einmal eine Klasse repetierte, schlechte Noten
gewohnt.

Hin und wieder war es während meiner Schulzeit noch
üblich, dass der Lehrer die Noten laut vor der ganzen Klasse
vorlas. In dem Moment, als der Lehrer mit dem Vorlesen der
Noten begann, war in der Klasse kein Ton zu hören. Es gab keinen einzigen Schüler, der nicht innerlich angespannt und hoch
konzentriert diese Prozedur verfolgte. Das zeigt, wie wichtig
Schülern ihre Noten sind. Selbst wenn manche so tun, als seien
sie ihnen völlig egal. Das ist ein Schutzmechanismus, der einzig
und allein dazu dient, die Enttäuschung über die schlechte
Note zu reduzieren.

> So gut wie allen Schülern sind ihre Noten wichtig, selbst
> dann, wenn sie nach außen hin so tun, als seien sie ihnen
> völlig egal.

Stellen Sie sich bitte vor, Sie suchen dringend eine neue Arbeit.
Nach Monaten des Wartens erhalten Sie eine Einladung zu
einem Vorstellungsgespräch. Natürlich bereiten Sie sich darauf
vor. Natürlich ist es Ihnen nicht egal, ob Sie einen guten oder
schlechten Eindruck hinterlassen. Sie gehen hin. Erhalten nach
einer Woche ein Schreiben des Unternehmens. Mit welchen
Gefühlen öffnen Sie diesen Brief?

So wie kein Schüler absichtlich schlechte Noten schreibt, so
wenig möchten wir bei einem Vorstellungsgespräch absichtlich

einen schlechten Eindruck hinterlassen. Trotzdem kann es sein, dass wir trotz aller Vorbereitung nicht die Leistung zeigen, die wir von uns selbst erwarten. Natürlich sind wir dann innerlich zumindest ein klein wenig enttäuscht. Und je nachdem, wie wichtig uns die Bewerbung war, können wir sogar sehr enttäuscht sein oder sogar richtiggehend deprimiert sein, wenn wir eine Absage erhalten. So oder ähnlich erleben Schüler schlechte Noten.

Stellen Sie sich bitte noch einmal vor, Sie haben eine Absage auf die Bewerbung erhalten, an die Sie so viele Hoffnungen geknüpft hatten. Wie möchten Sie, dass diejenigen Personen, die Ihnen wirklich nahestehen, reagieren, wenn Sie ihnen davon berichten? Mit Vorwürfen, wie »Ich hab dir ja gesagt, dass du dich zu wenig vorbereitet hast – das konnte ja nicht gut gehen«? Oder mit Verständnis? Vielleicht sogar mit Zuneigung? Dass sie Ihnen versichern, dass sie trotz allem weiter hinter Ihnen stehen? Dass sie Sie spüren lassen, dass Sie ihnen weiter als Mensch wertvoll sind?

Verständnis für schlechte Noten tique

2 Schlechte Noten lassen nicht einmal die Eltern cool bleiben

Eine schlechte Note löst nicht nur beim betroffenen Schüler Emotionen aus – nein, meist auch bei seinen Eltern. Auch Eltern können enttäuscht, verärgert oder frustriert sein. Auch Sie als Eltern hatten vielleicht genau den gleichen Wunsch, genau die gleiche Hoffnung wie Ihr Kind: Nämlich, dass die Note diesmal gut sein möge.

Dann wieder die Enttäuschung. Da ist es doch ganz normal, dass Eltern mitfühlen. Es ist sogar ein Zeichen Ihres Mitschwingens mit Ihrem Kind. Es wäre doch sehr eigenartig, wenn eine schlechte Note Ihres Kindes Sie ganz und gar kalt, unberührt und gleichgültig ließe.

Die wichtigsten Gefühle in diesem Zusammenhang sind:

- Ärger und Wut auf das Kind, die vor allem dann entstehen, wenn Eltern der Ansicht sind, ihr Kind hätte zu wenig gelernt
- Frustration und Resignation, die vor allem dann entstehen, wenn das Kind viel gelernt hat und trotzdem wieder eine schlechte Note hat.

Weil uns derartige Gefühle nicht unberührt lassen und unser weiteres Handeln meist ungünstig beeinflussen, ist es sinnvoll, dass Sie, bevor Sie mit Ihrem Kind über eine schlechte Note sprechen, Ihre eigenen Gefühle registrieren. Also überlegen, wie es Ihnen geht. Sind Sie enttäuscht von Ihrem Kind? Hatten Sie nicht so viel zusammen geübt? Oder hatten Sie Ihr Kind nicht dutzende Male, wie sich jetzt wieder herausstellt, auch zu Recht ermahnt, mehr zu lernen? Und sind Sie jetzt vielleicht verärgert, weil Ihr Kind all Ihr gutes Zureden wieder in den Wind geschlagen hat?

Alles verständliche und ganz normale Reaktionen.

Sie behindern aber das Gespräch mit Ihrem Kind. Warum?

Innerlich angespannt, können wir uns schlecht in den anderen hineinversetzen, schlecht zuhören, schlecht nachvollziehen, was im anderen vor sich geht – weil wir noch mit unseren eigenen Gefühlen so beschäftigt sind.

Wenn das bei Ihnen manchmal der Fall ist, könnten Sie zu Ihrem Kind sagen: »Ich bin jetzt selbst innerlich so aufgewühlt, dass ich jetzt gar nicht richtig mit dir über die Note reden kann. Lass uns das auf einen späteren Zeitpunkt verschieben.«

Damit sind Sie sogar ein beispielhaftes Modell für Ihr Kind, wie man mit belastenden Emotionen konstruktiv umgeht.

Fachleute sprechen von wirkungsvollem Emotionsmanagement. Und indem Sie so sprechen, sind Sie sogar bereits dabei, ihre eigenen Emotionen zu regulieren, also ein klein wenig abzubauen.

Wenn Ihr Kind eine schlechte Note nach Hause bringt, müssen Sie gar nicht sofort reagieren, wie viele leider meinen. Meist ist es besser, eine Nacht darüber zu schlafen. Vor allem, wenn man innerlich aufgewühlt ist.

Schlechte Noten verleiten Sie dazu, emotional zu reagieren. Das ist in dieser Situation aber genau das Falsche. Es gefährdet Ihre Beziehung zu Ihrem Kind. Sie können Ihr Kind dann beim Lernen nicht mehr so gut unterstützen. Und es führt sogar dazu, dass Ihr Kind vor lauter Angst, Enttäuschung und Ärger schlechter lernt.

> Schlechte Noten lösen sogar bei den Eltern negative Emotionen aus. Diese behindern das Gespräch mit dem Kind. Eltern müssen deshalb erst ihre Gefühle regulieren – und dann mit ihrem Kind sprechen.

Das ist Schwerstarbeit. Nicht umsonst ist Elternsein so anspruchsvoll.

Wie Sie Ihre Balance wiederfinden:

- Sie schreiben einfach auf, wie es Ihnen geht.
- Sie machen sich klar, was Ihr Kind jetzt von Ihnen braucht, nämlich emotionalen Support.
- Sie machen sich klar, dass kein Kind absichtlich schlechte Noten schreibt.
- Sie schlafen eine Nacht darüber.
- Sie sprechen mit einer Vertrauensperson darüber.
- Sie machen einen Spaziergang oder Sie gehen ins Fitness-Studio, um sich abzulenken.

Natürlich gibt es noch unendlich viele andere Dinge, die Sie tun können. Machen Sie das, was Ihnen am besten hilft.

3 Wie Sie Ihrem Kind über schlechte Noten hinweghelfen

Kinder reagieren unterschiedlich auf schlechte Noten. Manche sind mehr enttäuscht als andere. Manche wenden ihre Enttäuschung nach innen – andere richten ihren Ärger nach außen und gegen andere, wie zum Beispiel Geschwister. Manche brauchen mehr Verständnis, andere weniger.

Nachfolgend finden Sie einen Vorschlag, wie Sie Ihrem Kind über schlechte Noten hinweghelfen können. Er ist absichtlich sehr detailliert dargestellt und dient Ihnen zur Orientierung. Natürlich können Sie ihn auf die jeweilige Situation Ihres Kindes anpassen.

Das Gespräch mit dem Kind besteht aus folgenden Phasen:
1. Vorbereitungsphase
2. Zuhör- und Verständnisphase
3. Wiederaufbau- und Bewältigungsphase

Das klingt alles etwas kompliziert – ist aber ganz einfach. Und vor allem ist dieses Vorgehen sehr hilfreich.

4 Die Vorbereitungsphase: So bereiten Sie sich auf das Gespräch vor

Die Vorbereitungsphase ist für Sie vorgesehen. Sie unterstützt Sie dabei, sich innerlich auf das Gespräch mit Ihrem Kind einzustimmen.

So könnten Sie vorgehen:

- Stimmen Sie sich innerlich auf das Gespräch ein. Entspannen Sie sich und kommen Sie innerlich zur Ruhe.
- Stellen Sie sich vor, wie sich Ihr Kind fühlen könnte.
- Erinnern Sie sich daran, welches Ziel Sie für dieses Gespräch haben. Sie möchten Ihr Kind unterstützen, ihm über die Enttäuschung, die die schlechte Note ausgelöst hat, hinweghelfen. Stellen Sie sich vor, wie Sie Ihrem Kind zuhören und dabei ruhig und entspannt bleiben. Wenn das beim ersten Mal nicht gleich klappt, ist das überhaupt kein Problem. Versuchen Sie es dann das nächste Mal wieder. Mit der Zeit wird Ihnen dies immer besser gelingen.

Natürlich müssen Sie sich mit zunehmender Erfahrung nicht immer an diese Schritte halten. Sie helfen Ihnen aber am Anfang dabei, verständnisvoll zu reagieren.

5 Die Zuhör- und Verständnisphase

Diese Phase dauert in der Regel zwischen zwei und fünf Minuten. Sie ist die zentrale Phase des Gesprächs. Vor allem, wenn Ihr Kind nach einer schlechten Note innerlich sehr angespannt, enttäuscht oder wütend ist. Denn dann ist es besonders sinnvoll, wenn Sie Ihr Kind dabei begleiten, da es sich selbst noch nicht so gut steuern kann. Ihr Kind braucht jetzt erst wieder Boden unter den Füßen. Es muss versuchen, seine starken Gefühle zu überwinden, sich von ihnen zu lösen und zu distanzieren.

Indem Sie zuhören und Verständnis zeigen, helfen Sie Ihrem Kind dabei. Sie brauchen in diesem Teil des Gesprächs gar nicht viel zu reden. Es ist sogar meist hilfreicher, wenn die Eltern nur sehr wenig reden. Vielleicht einen oder zwei Sätze. Und stattdessen einfach da sind und zuhören. Verständnis zeigen. Mitfühlen. Auch mal das Schweigen des Kindes, wenn es sich mit Sprechen schwertut, aushalten.

Wenn es Ihnen gelingt, Ihrem Kind zu vermitteln, dass Sie es trotz der schlechten Note als Mensch annehmen und hinter ihm stehen, dann haben Sie bereits das wichtigste Ziel erreicht.

Wie reagiert Alexanders Mutter, als er nach Hause kommt?

Vor dem Gespräch mit Alexander entspannt sich Frau Kramer kurz. Sie ruft sich ins Gedächtnis, wie sie selbst dann reagieren wird, wenn die Note schlecht sein sollte. Nämlich mit Verständnis und Zuhören. Nachdem sie gesehen hat, in welcher Stimmung Alexander zu Hause ankommt, ahnt sie schon, dass es auch diesmal wieder keine gute Note sein wird. Enttäuschung schleicht sich bei ihr ein.

Dennoch fragt sie erwartungsvoll, als sie sich mit Alexander an den Arbeitstisch setzt: »Na, wie war die Mathearbeit?« Die Art wie Frau Kramer fragt, zeigt, dass sie doch insgeheim auf eine gute Note gehofft hat. Verständlich und normal.

Aber Alexander gibt keine Antwort.

Frau Kramer: »Du möchtest am liebsten nicht darüber sprechen?«

Alexander gibt keine Antwort.

Statt zu drängen wartet Frau Kramer ab. Vielleicht zwanzig, vielleicht dreißig Sekunden. Sie atmet durch und versucht sich zu entspannen.

Nach einiger Zeit sagt Frau Kramer: »Du bist enttäuscht?«

Alexander nickt – und zeigt damit, dass ihn seine Mutter richtig verstanden hat.

Frau Kramer wartet wieder ein bisschen ab, dann sagt sie: »Kann ich verstehen, du hast dich ja auch so sehr vorbereitet.« Oder: »Kann ich verstehen, du hattest dir ja auch so sehr ein anderes Ergebnis gewünscht.«

> Das Wichtigste bei schlechten Noten ist Verständnis.

Was nicht nötig ist:

- Weiteres Nachfragen wie beispielsweise: »Ich verstehe nicht, wie das passieren konnte?« Das ist ein Vorwurf.

- Weiteres Nachfragen wie beispielsweise: »Was für Noten haben denn die anderen?« Denn wenn die anderen bessere Noten haben, stellt das Alexander in schlechtes Licht und macht ihm deutlich, dass er im Vergleich zu den anderen eine schlechte Leistung gezeigt hat. Das kann dazu führen, dass er noch mehr an sich zweifelt. Das wiederum mindert seine Lernenergie.

- Resignation von Frau Kramers Seite, etwa: »Wie soll es denn jetzt weitergehen?« Das würde Alexander nur entmutigen und hilflos machen. Oder: »Ich weiß gar nicht mehr, was ich jetzt noch mit dir machen soll.« Damit würde sie Alexander vermitteln, dass er eigentlich ein hoffnungsloser Fall ist.

- Drohen wie: »Wenn deine Noten nicht endlich besser werden, wirst du die Klasse wiederholen müssen.« Wenn Sie tatsächlich diese Befürchtung haben, dann sagen Sie es besser zu einem späteren Zeitpunkt, wenn Sie sich selbst wieder beruhigt haben. Dann könnten Sie sagen, »Alexander, ich mache mir wirklich Sorgen, dass du das Klassenziel nicht erreichen wirst.«

Strafen wie: »Für heute Abend ist dein Fußballtraining gestrichen.« Damit würde ihm Frau Kramer sogar einen wichtigen Ausgleich nehmen. Denn das Fußballtraining hat gerade jetzt zahlreiche Vorteile. Es lenkt Alexander ab, vermittelt ihm durch die intensive Bewegung bessere Stimmung und fördert sein Kompetenzerleben immerhin in Bezug auf Fußball.

Manche Kinder brauchen jetzt eine kurze Pause. In diesem Fall sagt Alexanders Mutter: »Komm, wir machen jetzt erst mal eine kleine Pause. Soll ich dir einen Schluck Wasser bringen?«

Andere Kinder sind schon wieder in der Lage, sich an ihre Hausaufgaben zu setzen. Diese Kinder brauchen keine weitere Hilfe.

keine Drohungen, kein Druck

6 Die Wiederaufbau- und Bewältigungsphase

Diese Phase ist für diejenigen Kinder gedacht, die mehr Unterstützung brauchen. Sie sind meist jünger, wie Julian, der zehn Jahre alt ist und gerade eine schlechte Note geschrieben hat.

Nach einer kurzen Pause sagt Frau Bertrand: »Gleich ist Zeit für die Hausaufgaben.«

Julian: »Ich hab keine Lust.«

Frau Bertrand: »Das kann ich verstehen.« Sie lässt eine kurze Pause und fährt dann fort: »Ich möchte trotzdem, dass du anfängst. Soll ich dir dabei helfen, oder willst du es lieber alleine machen?«

Damit macht sie klar, dass jetzt kein Weg an den Hausaufgaben vorbeiführt, auch wenn Julian gar nicht dazu aufgelegt ist. Gleichzeitig bietet sie ihm Unterstützung an.

Oft ist es dann sinnvoll mit dem Kind die Hausaufgaben ein

wenig vorzustrukturieren. Frau Bertrand bespricht mit ihm, was er alles aufhat. Gemeinsam erstellen sie eine kurze Liste aller Aufgaben. Frau Bertrand hilft Julian, die Liste so zu ordnen, dass Julian mit einer kurzen und leicht zu bewältigen Aufgabe beginnen kann. Dann startet er mit einem Erfolgserlebnis. Natürlich sagt sie dann: »Prima, die erste Aufgabe hast du schon gemacht. Ich hab gewusst, dass du das schaffst.«

> Die beste Strategie nach einer schlechten Note ist, einfach weiterzulernen. Dabei brauchen manche Kinder Unterstützung.

Julian und Alexander haben, mit Unterstützung durch ihre Mütter, etwas sehr Wichtiges gelernt: In schwierigen Phasen durchzuhalten. Das werden sie fürs spätere Leben gut brauchen können. Jeder von uns kennt schwierige Zeiten, in denen es darum geht, negative Emotionen zu überwinden und nach einer Enttäuschung wieder auf die Beine zu kommen.

einfach weiterlernen!

7 Ein Donnerwetter hat noch niemandem geschadet

Stimmt das? Wenn nichts mehr geht, bleibt immer noch das Donnerwetter. Und viele erhoffen sich dadurch endlich die Wende.

Das könnte sogar auch ausnahmsweise mal so sein. Ich bin selbst so eine Ausnahme. Nachdem ich zwölf Jahre in der Schule nur das Allernötigste getan hatte und ein sehr schwacher Schüler war, hätte ich fast die zwölfte Klasse repetieren müssen, nachdem ich bereits vorher eine Klasse wiederholt hatte. Ein Donnerwetter meiner damaligen Klassenlehrerin am vorletzten Schultag der zwölften Klasse brachte mich zur Räson. Ich begann zum ersten Mal richtig zu lernen.

Das Gefährlichste an einem Donnerwetter ist, wenn es kurzfristig zu einer Veränderung führt, die dann aber nicht lange anhält. Der kurzfristige Erfolg verleitet viele Eltern dazu, immer öfter auf diese Strategie zurückzugreifen. So werden aus einem Donnerwetter hundert.

Dann treten Negativeffekte ein:

- Die Beziehung zwischen Ihnen und Ihrem Kind wird zunehmend schlechter.
- Das Kind verknüpft Lernen und Schule mit Donnerwettern – also mit negativen Emotionen. Bald strahlen diese auf alles aus, was mit Schule und Lernen zu tun hat. Und nehmen dem Kind jede Freude am Lernen.
- Möglicherweise entwickelt das Kind einen Abstumpfungseffekt, indem es sich innerlich denkt: »Lass sie reden.« Damit wird es für seine Eltern zunehmend schwieriger, zu ihm durchzudringen. Nicht nur im Hinblick auf die Hausaufgaben, sondern ganz allgemein. Ihr Donnerwetter muss sich dann zum Hurrikan ausweiten, damit das Kind reagiert.

Donnerwetter Schaden lang-fristig.

Kapitel 3

Ihre Erwartungen

1 Was erwarten Sie von Ihrem Kind?

Herr und Frau Schneider hatten keine klaren Vorstellungen bezüglich Yanniks Schullaufbahn. Irgendwie wird er die Schule schon schaffen, meinten sie. Und waren schon sehr zufrieden, wenn Yannik überhaupt seine Hausaufgaben erledigte. »Wir haben in der Schule auch nur das Nötigste getan und waren auch keine Leuchten«, sagten sie. Trotzdem ist aus uns etwas geworden. So oder ähnlich denken viele Eltern.

Anders die japanische Familie Yamashito. Für beide Eltern sind Engagement und Anstrengungsbereitschaft von klein auf wichtige Tugenden. Mit großer Aufmerksamkeit und hohen Erwartungen verfolgen sie den Schuleintritt des kleinen Hideo und dessen schulische Laufbahn. Sie interessieren sich für alles, was er in der Schule erlebt und lernt. Für sie ist es, wie für so viele japanische Familien, selbstverständlich, dass sie mit ihm über seine Noten sprechen, sich für seine schulischen Pläne und Ziele interessieren, ihn beim Lernen unterstützen und sich regelmäßig bei seinem Lehrer über seine Entwicklung und seinen Lernfortschritt auf dem Laufenden halten.

Wenn das Bildungsniveau asiatischer Schüler deutlich über dem europäischer Schüler liegt, dann vor allem deshalb, weil

Interesse an der Schule zeigen!

deren Eltern hohe Erwartungen hinsichtlich der Einsatzbereitschaft und des Engagements ihrer Kinder haben.

Diese Werte sind in der asiatischen Gesellschaft tief verwurzelt. So lehrte zum Beispiel schon Konfuzius: »Der Mensch kann sich perfektionieren, wenn er an sich arbeitet. Wenn er ausdauernd übt und sich bemüht.« Das haben viele asiatische Eltern verinnerlicht. Und geben es an ihre Kinder weiter. Zusätzlich spielen diese Tugenden in zahlreichen Märchen und Sagen eine wichtige Rolle. Für Eltern und Kinder sind Ausdauer und Disziplin positiv besetzt.

Anders in Deutschland. Dort gelten sie als altmodische Relikte aus einer düsteren Vergangenheit. Viele Eltern meinen sogar, sie würden die Kreativität ihrer Kinder behindern und sie bei der Entfaltung ihrer Persönlichkeit hemmen.

Ihre eigene Einstellung zu Ausdauer und Anstrengung beeinflusst die Ausdauer- und Anstrengungsbereitschaft Ihres Kindes.

Ausdauer + Anstrengung vorleben!

2 Mit realistischen Erwartungen erreichen Sie am meisten

Manche Eltern erwarten, dass ihre Kinder gute Noten schreiben. Verständlich, allerdings nicht so hilfreich. Denn es gibt viele Gründe, warum viele Kinder, selbst wenn sie gut lernen, keine Super-Noten schreiben, wie z.B.,

- weil sie bei Prüfungen ängstlicher und nervöser sind als andere
- weil sie nicht genau das gelernt haben, was der Lehrer prüft
- weil der Prüfungsstoff so umfangreich war, dass sie nicht alles lernen konnten
- weil sie es von ihrem Potential her schwerer haben.

Wenn Eltern vor allem sehr gute Noten von ihrem Kind erwarten, kann das folgende Nachteile haben:

- Das Kind lernt nur auf die jeweilige Prüfung, weil es meint, die Noten seien ausschlaggebend, anstatt der Stoff beziehungsweise die Inhalte.
- Das Kind setzt sich unter Druck, um die Erwartungen seiner Eltern zu erfüllen. Das muss grundsätzlich nicht schlecht sein. Aber viele Kinder setzen sich unter so hohen Druck, dass sie Prüfungsangst entwickeln.
- Das Kind sieht Fehler grundsätzlich als etwas Schlechtes an. Diese Haltung blockiert es dabei, aus Fehlern zu lernen.

lia

Eine für die meisten Kinder realistische Erwartung ist beispielsweise: »Wir wollen, dass du alle deine Hausaufgaben sorgfältig erledigst.«

Aber bei einem Kind mit einem stark ausgeprägten ADHS (Aufmerksamkeits-Defizit- und Hyperaktivitäts-Syndrom) sind diese Erwartungen vermutlich bereits zu hoch gegriffen.

Realistische Erwartungen haben!

3 Wie Sie Ihrem Kind Ihre Erwartungen kommunizieren

Es ist ein großer Unterschied, ob Sie Ihrem Kind Ihre Erwartungen schnell mal zwischen Tür und Angel einfach mitteilen, oder ob Sie sich dafür einen entsprechenden Rahmen aussuchen.

Natürlich kündigen Sie Ihrem Kind das Gespräch vorher an. Sie sagen aber nicht: »Weil du mit deinen Hausaufgaben immer so rumschlampst, müssen wir mit dir sprechen«, sondern Sie geben dem Gespräch von vornherein eine positive Richtung,

Erwartungen adäquat kommunizieren

indem Sie zum Beispiel sagen: »Du weißt doch, dass uns wichtig ist, dass du deine Hausaufgaben sorgfältig erledigst. Wir möchten uns mit dir zusammensetzen und mit dir besprechen, wie du das am besten schaffst, was du dafür brauchst und ob und wie wir dir dabei helfen können.«

Wichtig ist auch die Frage, wer an diesem Gespräch teilnimmt. Stellen Sie sich eine Familie mit Vater, Mutter und Kind vor. Während Mutter und Kind am Samstagabend beim Gespräch sind, sitzt der Vater vor dem Fernseher und sieht die Sportschau. Damit signalisiert er: Der FC Bayern München ist wichtiger als Hausaufgaben und Schule.

Und wenn die Eltern getrennt sind? Wenn möglich, sollen trotzdem beide teilnehmen. Aber Vorsicht: Das verlangt jetzt nämlich eine mindestens gute Arbeitsbeziehung zwischen den getrennten Eltern. In diesem Fall ist es ganz besonders wichtig, dass Sie Ihre jeweiligen Erwartungen im Voraus genau absprechen. Nicht dass dann im Gespräch plötzlich der eine ganz andere Meinungen vertritt als der andere. Das hätte nämlich nur den Effekt, dass sich das Kind für die Ansicht entscheidet, die ihm weniger abverlangt.

Sie sind dann auf dieses Gespräch gut vorbereitet, wenn
- Sie Ihre Erwartungen geklärt haben
- Sie davon überzeugt sind, bei diesem Gespräch ruhig und gelassen zu bleiben – egal was geschehen wird
- Sie für einen angenehmen und entspannten Rahmen gesorgt haben, indem Sie z.B. etwas zu trinken bereitgestellt haben.

Das Gespräch hat folgenden Inhalt:
- Sie formulieren Ihre Erwartungen, wie z.B., dass Ihr Kind zur gemeinsam festgelegten Zeit in sein Zimmer geht, den Schreibtisch aufräumt, eine Liste mit allen Aufgaben schreibt,

alle nötigen Materialien holt, mit seinen Hausaufgaben beginnt und am Ende überprüft, ob es alles erledigt hat und ob alles richtig ist.

- Fragen Sie Ihr Kind: »Hast du schon eine Vorstellung davon, wie du das alles in Zukunft schaffst?« Hier geht es darum, dass nicht Sie Ihrem Kind vorschreiben, wie es Ihre Erwartungen erfüllt, sondern dass es selbst nach Wegen sucht, diese – zugegeben hochgesteckten – Erwartungen zu erfüllen.
- Sie besprechen, wer überprüft, ob Ihr Kind Ihre Erwartungen eingehalten hat oder nicht. In der Regel ist es sinnvoll, wenn sowohl Ihr Kind als auch Sie selbst diese Aufgabe übernehmen.
- Sie legen den Termin für das Nachgespräch fest.

Das sind Ihre Vorgaben. Ihr Kind mag sie mit »Wie uncool!« kommentieren. Aber darüber bestimmen darf es nicht.

Halten Sie die wichtigsten Inhalte des Gesprächs und den Termin des Nachgesprächs schriftlich fest. Lassen Sie jeden Teilnehmer unterschreiben.

Beenden Sie die Übereinkunft mit einem positiven Abschluss. Indem Sie bei kleineren Kindern noch ein Spiel machen, bei größeren Kindern noch kurz zusammensitzen und zum Beispiel eine Tasse heiße Schokolade trinken.

Erwartungen fixieren. Erreichung besprechen!

4 Wann soll das erste Nachgespräch stattfinden?

Der Termin des ersten Nachgesprächs muss so gelegt sein, dass Ihr Kind mit einem Erfolgserlebnis startet. Das heißt, dass es an den meisten Tagen Ihre Vorgaben erfüllt hat. Bei einem Kind, dem die Hausaufgaben schwerfallen, ist bereits nach wenigen

Tagen ein erstes Nachgespräch sinnvoll. Und nicht erst nach drei oder vier Wochen, in denen es bereits wieder massive Probleme gab. Weil Sie dann wieder über diese negativen Dinge sprechen müssen, was es für Ihr Kind schwieriger macht, mit Ihnen zu kooperieren. Dann verläuft das Gespräch eher zäh und unerfreulich. Und Ihr Kind wehrt sich.

> Sie erreichen am ehesten die Kooperationsbereitschaft Ihres Kindes, wenn Sie die Situation so arrangieren, dass Ihr Kind über Erfolge sprechen kann. Statt darüber, was wieder schlecht lief.

Natürlich loben Sie Ihr Kind, indem Sie zum Beispiel sagen: »Das hast du prima gemacht. Wir sind sehr stolz auf dich.«

Zusätzlich können Sie noch kurz über folgende Themen sprechen:

- »War es schwierig?«
- »Wie hast du das so gut hingekriegt?«
- »Was wirst du tun, um es auch in Zukunft zu schaffen?«
- »Können wir dich unterstützen? Wenn ja, wie?«
- »Was brauchst du sonst noch, damit du es bis zu unserem nächsten Treffen schaffst?«

> Das Nachgespräch ist kein Kritik-, sondern ein Motivationsgespräch.

Damit sind die Probleme aber nicht gelöst. Es braucht weitere Nachgespräche. Meist können Kinder ein bis zwei Wochen den Erwartungen ihrer Eltern nachkommen. Aber nach drei oder vier Wochen ist das Risiko hoch, dass sich die alten Schwierigkeiten wieder einschleichen. Das ist normal und kein

Erfolge als Technik für Nachgespräch

Grund zur Besorgnis. Deshalb gilt es besonders in den ersten Wochen, das Kind eng zu begleiten und auf erste Nachlässigkeiten prompt zu reagieren.

In »Das Auswertungsgespräch« in Kapitel 6 »Ihr Weg zum Lern-Coach« finden Sie weitere Hinweise.

5 An die Erfolge anknüpfen statt Probleme ausbreiten

Als sich das Schuljahr dem Ende zuneigt, erledigt Marco seine Hausaufgaben immer unsorgfältiger. Seine Eltern beschließen, Marco ihre Erwartungen sofort zu Beginn des neuen Schuljahres mitzuteilen. Die ersten 15 Tage sind gut verlaufen, doch am 16. Tag hat Marco wieder einen Teil seiner Hausaufgaben vergessen.

Wie würden Sie reagieren? Marcos Eltern reagieren umgehend. Seine Mutter ruft ihren Mann bei der Arbeit an und vereinbart noch für denselben Abend ein Nachgespräch, an dem natürlich auch Marco teilnimmt.

Herr Gmeiner eröffnet das Treffen wie folgt: »Du hast jetzt 15 Tage deine Hausaufgaben wirklich gut erledigt. Und das zeigt uns, dass du es kannst, wenn du dich anstrengst. Wir wissen, dass das nicht einfach ist. Aber wir möchten, dass du auf deinem Weg bleibst und weiter deine Hausaufgaben so gut wie in den letzten 15 Tagen erledigst. Was musst du tun, um das zu schaffen?«

Das Gespräch dauert etwa drei Minuten. Gmeiners enthalten sich jeglicher Vorwürfe, machen klar, was sie von Marco erwarten und beziehen ihn in die Problemlösung ein.

Natürlich könnte Herr Gmeiner auch sagen: »Fängt jetzt

schon wieder das alte Theater an? Jetzt hast du es gerade mal zwei Wochen geschafft.« Aber damit würde er das, was Marco bereits erreicht hat, zunichtemachen und weitere Schwierigkeiten heraufbeschwören.

Nutzen Sie bereits erzielte Fortschritte Ihres Kindes, um weitere Verbesserungen anzupeilen.

6 Lassen Sie die Verantwortung dort, wo sie hingehört

Ihr Kind hat einen Teil seiner Unterlagen in der Schule vergessen und kann deshalb einen Teil seiner Aufgaben nicht erledigen. Was tun Sie?

Bestehen Sie darauf, dass es seine Hausaufgaben erledigt. Aber lassen Sie vor allem Ihr Kind darüber nachdenken, wie es die Panne mit den vergessenen Unterlagen wieder ausbügeln kann. Natürlich ist das jetzt für Ihr Kind eine schwierige Situation. Vielleicht hat es keine Idee, was es tun könnte, um das Problem zu beheben. Vielleicht ist es deshalb frustriert. Alles nicht dramatisch. Und vor allem kein Grund dafür, dass Sie das Problem für Ihr Kind lösen. Im Notfall geht es nur mit einem Teil seiner Hausaufgaben in die Schule. Dann notieren Sie im Hausaufgabenheft für seinen Lehrer: »Dario hat einen Teil seiner Unterlagen in der Schule vergessen und konnte deshalb seine Hausaufgaben nicht vollständig erledigen.« Jetzt ist es Aufgabe des Lehrers zu entscheiden, welche Konsequenz er Ihrem Kind gibt.

Kinder selbst Probleme lösen lassen!

> Lassen Sie Ihr Kind seine Probleme selbst lösen.

Natürlich nehmen Sie Ihrem Kind die Konsequenzen aus seiner Unachtsamkeit nicht ab, indem Sie selbst bei einem Klassenkameraden anrufen, der die entsprechenden Unterlagen zu Hause hat oder es mit dem Auto zu ihm fahren.

Ein anderes Beispiel: Angenommen, Ihr Kind ist mit seinen Hausaufgaben noch nicht fertig, wenn das Fußballtraining beginnt. Es sagt: »Das Training fängt an, ich muss los.« Was jetzt? Sie könnten ruhig erwidern: »Ja, ich weiß. Ich unterstütze dich auch gerne bei deinem Training. Die Hausaufgaben haben aber Vorrang.« Angenommen, Ihr Kind wird daraufhin wütend, wirft sein Heft in die Luft und schreit: »Immer diese blöden Hausaufgaben!« Was jetzt? Jetzt müssen Sie gar nichts tun. Nicht noch einmal erklären, Ihr Kind hat genau verstanden, worum es geht. Sie brauchen Ihr Kind jetzt auch nicht zu trösten, sein Wutanfall wird früher oder später vorbeigehen. Ziehen Sie sich zurück. Machen Sie die Tür hinter sich zu. Sagen Sie keinen Ton. Bringen Sie den Abfall weg oder holen Sie etwas aus dem Keller. Vermutlich wird sich Ihr Kind schon ein Stück weit beruhigt haben, wenn Sie zurückkommen. Achten Sie auf diese wichtige Kompetenz Ihres Kindes. Sie zeigt, dass Ihr Kind sich bereits gut steuern kann.

Ist das nicht hartherzig? Nein, denn langfristig lernt Ihr Kind so, für sich selbst Verantwortung zu übernehmen.

> Lassen Sie die Verantwortung für eine Unachtsamkeit Ihres Kindes dort, wo sie hingehört, nämlich bei Ihrem Kind.

Konsequent zeigen, weniger reden.

Viele Eltern lassen sich in derartigen Situationen von ihrem Kind in Diskussionen hineinziehen. Es ist normal, dass ein

Keine Diskussion.

Kind dies versucht. Gut gemeint lassen sich viele Eltern darauf ein. Sie meinen, wenn sie nur die richtigen Argumente fänden, könnten sie ihr Kind von der Richtigkeit ihres Anliegens überzeugen. Und dann wäre ihr Kind endlich einsichtig. Aber derartige Diskussionen verschärfen nur die Situation. Das Kind interpretiert das viele Reden seiner Eltern als Zeichen ihrer Schwäche. Es wittert Morgenluft. Klar, dass es jetzt mit noch mehr Energie versucht, seine Mutter von ihrem »Nein« abzubringen. Natürlich sind all diese Dinge dem Kind nicht bewusst. Das ändert aber nichts. Die Situation verschlimmert sich.

Lia!

> In Bezug auf das Sprichwort »Reden ist Silber, Schweigen ist Gold« gilt in der Erziehung nur der zweite Teil. Der erste Teil macht aus kleinen Konflikten große.

nicht so viel reden!

7 Bilden Sie ein starkes Elternteam

Stellen Sie sich vor, Sie sind aus Versehen bei »Rot« über eine Ampel gefahren und werden von zwei Polizisten angehalten. Der eine verlangt, dass Sie sofort eine Strafe bezahlen. Da sagt der andere: »Ach, drück doch mal ein Auge zu, lass sie doch einfach weiterfahren.« An wem orientieren Sie sich jetzt? Werden Sie sofort dem ersten die Strafe zahlen? Oder haben Sie nicht doch plötzlich große Hoffnungen, ohne Strafe davonzukommen? Wenn beide Polizisten eine Strafe gefordert hätten, dann hätten Sie vermutlich sofort bezahlt. Mit der Aussage des zweiten ändert sich Ihre Haltung auf einen Schlag. Sie wittern die Chance, der Strafe zu entgehen.

Ähnlich orientiert sich ein Kind, wenn seine Eltern bezüglich Lernen und Hausaufgaben uneins sind, an dem, der geringere Forderungen stellt.

Erik, Miriam & Ellen!
Eine Strategie fahren!

Wie über alles, können Eltern über den Wert von Schule, Lernen und Hausaufgaben unterschiedlicher Ansicht sein. Für einen Elternteil, sagen wir Frau Clasen, sind das sehr elementare und wichtige Themen. Herr Clasen meint vielleicht: »Ich hab in der Schule auch nicht viel getan und bin auch was geworden.« Angenommen, Mario, Clasens Jüngster, tut sich mit Lernen und Hausaufgabenmachen schwer. Frau Clasen verlangt, dass sich Mario bei seinen Hausaufgaben ordentlich anstrengt und achtet genau darauf, dass auch wirklich immer alles gemacht ist. Herr Clasen lässt immer wieder mal auch vor Mario durchblicken, dass Lernen und Schule doch nicht so wichtig sind. Dass man das nicht alles unbedingt so eng sehen muss. Welche Auswirkungen hat das auf Mario? Geht es ihm nicht so ähnlich wie unserem Autofahrer? Wird er nicht in der Hoffnung, dass ihm seine Hausaufgaben, zumindest ein Stück weit, erlassen werden, seinem Vater folgen? Warum soll er den schwereren Weg wählen, wenn es einen viel einfacheren gibt? Herr Clasen hat die Position seiner Frau erheblich geschwächt. Wie der zweite Polizist diejenige seines Kollegen. Das Ergebnis:

- Mario hat weniger Energie fürs Lernen und wird sich weniger engagieren.
- Das führt zu mehr Streit zwischen Frau Clasen und Mario.
- Für Frau Clasen wird es schwieriger, ihre Position gegenüber Mario zu behaupten.

Was jetzt?

Tragen Sie, jeder für sich, auf der Skala unten ein, wie wichtig es Ihnen ist, dass Ihr Kind gut lernt, in der Schule aufpasst und Hausaufgaben macht.

»0« bedeutet: Gar nicht wichtig   »10« bedeutet: Sehr wichtig

0 —————————————————————— 10

Wenn die Punktzahl zwischen Ihnen stark auseinanderklafft, dann überlegen Sie bitte, warum und besprechen Sie das. Sie müssen nicht hundert Prozent genau die gleiche Ansicht vertreten. Aber Sie sollten versuchen, einen Grundkonsens zu finden.

 Mit einer gemeinsamen positiven Haltung zu Schule und Lernen geben Sie Ihrem Kind eine klare Orientierung.

Kapitel 4

Schüler im Stress

Die Leistungsgesellschaft hat längst auf die Schule durchgeschlagen. Und zwar massiv. Ein Drittel der Schüler, vor allem Mädchen, leidet unter Stress-Symptomen, wie Kopf- und Rückenschmerzen, Schlafproblemen und Gereiztheit. Das ergab eine Studie, die das Institut für Psychologie und das Zentrum für angewandte Gesundheitswissenschaften der Leuphana Universität Lüneburg für die Deutsche Angestellten-Krankenkasse erarbeitet haben. Befragt wurden 4500 Schüler und Schülerinnen im Alter von zehn bis 21 Jahren in Thüringen, Hessen, Nordrhein-Westfalen und Niedersachsen. Laut Studie haben 40 Prozent mehrmals in der Woche körperliche oder psychische Beschwerden. *Stresssymptome*

1 Was belastet Schüler?

Bei Mädchen steigen die Symptome von Überlastung ab 14 bis 15 Jahren an – bei Jungen hingegen gehen sie in diesem Alter langsam zurück.

Die Ursachen für Überlastung sind zahlreich, im schulischen Bereich z. B.

• eine schlechte Beziehung zum Lehrer

- den Lehrer als ungerecht und unfair erleben
- Streit und Konflikte mit Mitschülern
- schlechtes Klassenklima
- kein Interesse am Schulstoff
- Probleme mit den Hausaufgaben
- überfordert sein
- Lernschwächen wie zum Beispiel eine nicht erkannte Legasthenie
- und natürlich schlechte Noten.

Aber auch das Zuhause kann belasten, z. B.
- bei häufigem Streit mit den Eltern wegen der Schule
- wenn ein Kind spürt, dass es die hohen schulischen Leistungsanforderungen seiner Eltern nicht erfüllen kann
- bei familiären Problemen wie Trennung oder Scheidung.

Faktoren beim Kind sind z. B.
- geringe Stressresistenz, wie sie z. B. bei Kindern mit einer sehr schwierigen Kindheit auftreten kann
- schwach ausgeprägtes Selbstwertgefühl
- hohe Ängstlichkeit, besonders Angst vor Misserfolg oder Prüfungsangst
- niedrige Intelligenz und der damit verbundene Mehraufwand beim Lernen
- Impulsivität, Hyperaktivität und Konzentrationsprobleme, wie sie typisch für Kinder mit ADHS sind
- geringe Frustrationstoleranz
- geringe soziale Kompetenzen, weil es dadurch dem Kind schwerer fällt, Freunde zu finden und Beziehungen aufzubauen, wie beispielsweise auch zum Lehrer.

2 Höher, weiter, mehr

Das Credo der Leistungsgesellschaft bekommen heute schon die Kleinsten vermittelt, manchmal sogar eingetrichtert. Vor allem im Sport. Bereits Sechs- bis Siebenjährige werden von Talentspähern unter die Lupe genommen, um das Potential möglicher Leistungsträger so früh wie möglich zu erfassen. Mit 12 oder 13 Jahren absolvieren unsere Nachwuchssportler dann ein wöchentliches Trainingspensum von teilweise über 20 Stunden. Neben der Schule. Das mag vielen anfangs schon noch Spaß machen. Aber die Jagd nach den Hundertstel-Sekunden nimmt, je älter die Kinder werden, immer erbarmungslosere Züge an. Die Trainer verlangen nicht nur hundert Prozent Einsatz. Sondern mehr, bis über die Grenze. Das ist kein Zuckerschlecken und verlangt unnachgiebige Härte gegenüber dem eigenen Körper und den eigenen Bedürfnissen. Die ist letztlich nur mental möglich. Der vermeintliche Sieg des Kopfs über den Körper. Ein in unserer Gesellschaft besonders erstrebenswertes Ziel. Meinen wir.

Denn die Quälerei hat Folgen – nicht bei allen, aber bei immer mehr. Immer mehr Schüler verinnerlichen die Leistungsnormen und wenden sie mit unerbittlicher Härte gegen sich selbst. Und leiden dann, wenn sie die eigenen überhöhten und fremdgestellten Leistungsansprüche nicht erreichen. Schüler, die die Leistungsnormen verinnerlicht haben, können sich auch bei Versagen nicht rausreden. In unserer Zeit hatten wir für schlechte Leistungen noch viele Ausreden. Der Stoff ist blöd, der Lehrer kann nicht erklären, die Lust aufs Lernen ist abhandengekommen. Alles andere musste als schuldig herhalten, nur nicht wir selbst. Auch das hat sich geändert. Die zukünftigen Leistungsträger schreiben sich ihr Versagen selbst zu. Und überlegen schon, was sie tun könnten, um es das nächste

Mal wieder besser zu machen. Aber wie? Höchstleister sind hier nicht um eine Antwort verlegen. Natürlich durch noch mehr Einsatz.

Das ist die Spirale, die auch ins Burnout führen kann. Wenn heute gleich reihenweise junge Erwachsene in den Burnout-Sog geraten, dann hat das auch damit zu tun, dass wir auf Höchstleistung fixiert sind. Und das verlangt natürlich seinen Preis. Der darf auch ruhig mal ein wenig höher sein, wie im Sport. Mit Doping, Gesundheit und Menschenleben.

Der Grat vom Sich-Fordern zum Sich-Überfordern wird seit Jahren schmaler und schmaler.

Um den Leistungsgedanken in die Schulen zu tragen, gehen Schulen kreative Wege. So hat eine Hauptschule einen Vortrag mit einem der regionalen Elite-Sportler organisiert, der von seinem Weg zum Weltklasseathleten eindrücklich berichtete. Und auch nicht die zahlreichen Rückschläge auf dem Weg dorthin aussparte. Als einer der Schüler am Schluss der Veranstaltung gefragt wurde, was ihm der Vortrag gebracht habe, kam die Antwort: »Ich hab gelernt, dass es nicht reicht, 100 Prozent Einsatz zu bringen. Sondern 150 Prozent.« Der Schüler war 14 Jahre alt.

Beruflicher Leistungsdruck durchdringt auch massiv die Erziehung. Um ihrem Kind später einen beruflichen Spitzenplatz zu sichern, wollen ihm Eltern so früh wie möglich die besten Fördermöglichkeiten bieten. Um ja nichts zu verpassen, besuchen die Kleinen einen zweisprachigen Kindergarten plus Ballettkurs und Ausdrucksmalen, das am Samstag stattfindet. Schon unsere Kleinsten sind komplett verplant. Die Gefahr besteht, dass Eltern ihre Kinder nur noch unter dem Gesichtspunkt der Leistungserbringung sehen. Auf dem Spielplatz vergleichen Eltern dann ihr Kind mit den anderen. Wo ist mein Kind weiter, wo ist es zurück, fragen sich viele besorgt. Dabei sind Unterschiede in der Entwicklung von Kindern normal und noch kein Grund zur Besorgnis.

Das Kind spürt die hohen elterlichen Erwartungen. Einige wenige, mit einem breiten Begabungsspektrum Gesegnete, mögen diesem Druck standhalten. Die meisten aber, wie weniger Begabte, leiden unter dieser Situation. In ihnen reift die Überzeugung nicht zu genügen, egal wie sehr sie sich aus ihrer Sicht auch anstrengen. Kein Wunder, dass viele psychosomatisch krank werden, Versagensängste entwickeln oder Schule und Lernen verweigern.

Auch zu Beginn des dritten Jahrtausends ist Kind sein kein Zuckerschlecken.

> Manchmal führt weniger weiter als mehr.

Dass zu frühe Förderung direkt am Kind vorbeiläuft, zeigt Professor Remo Largo, z. B. in: »Kinderjahre. Die Individualität des Kindes als Herausforderung«. Er ist fundierter Kritiker einer Auf-Teufel-komm-raus-Förderung.

3 Sogar in der Freizeit unter Strom

Zwar arbeiten wir eigentlich weniger, zwar nimmt uns die Technik im Haushalt vieles ab – aber trotzdem fehlt uns vor allem eins, nämlich Zeit. Wir haben uns perfekt selbst verplant. Und unsere Kinder auch. Die Schule, die Hausaufgaben, die Hobbys.

Diese hektische Aktivität dient immer weniger unserem Vergnügen. Sondern viel zu oft unserer Perfektionierung. Früher lebten wir, um zu arbeiten. Heute, um uns zu optimieren. Wir optimieren unsere Ernährung, entspannen uns schnell beim

Power-Nap (eine Art Kurz-Mittagsschlaf, der Autor), arbeiten an unseren Beziehungen, stylen unseren Körper, trainieren im Fitness-Studio unsere Figur und lassen uns im Beauty-Studio glätten und straffen. Es gibt nichts, wo wir nicht noch mehr aus uns herausholen könnten. Wir behandeln uns wie einen Motor, der immer mit Vollgas laufen muss. Und das ohne Wartung. Ein autodestruktives Gemisch aus eigenem Perfektionsstreben und hohen Leistungsanforderungen von außen bringt immer mehr Menschen dazu, sich langfristig zu überfordern. Und das strahlt auf unsere Kinder aus. Und prägt unsere Beziehung zu ihnen. Wir sind verführt, auch unsere Kinder zu optimieren.

Optimierungszwang?

4 Realistisch fördern

Klar wollen Eltern ihr Kind fördern. Aber nicht jedes Kind kann einen Spitzenplatz einnehmen. Um nicht übers Ziel hinauszuschießen, sollten Sie beachten:

- Wie ist das Intelligenzniveau Ihres Kindes? Manche Kinder haben eine hervorragende Intelligenz, andere nicht.
- Wie steht es um seine Konzentration, Ausdauer, Durchhaltevermögen und Frustrationstoleranz? Manche Kinder können sich gut konzentrieren, andere nicht. Manche können nach einer schlechten Note schnell wieder zur Tagesordnung übergehen, andere sind länger gekränkt.
- Wie ist seine Persönlichkeit? Wir kommen mit ganz unterschiedlichen Anlagen auf die Welt, die in Interaktion mit unserer Umwelt unsere Persönlichkeit beeinflussen. Manche Kinder sind ängstlich, andere mutig. Manche sind selbstbewusst, andere unsicher. Manche können sich gut mitteilen, andere sind eher verschlossen.

- Was sind seine Interessen und Vorlieben? Manche haben ein breites Interessenspektrum, andere haben ganz spezielle Interessen und Vorlieben. Manche interessieren sich gar nicht für Mathematik, andere dafür sogar am Wochenende. Manche musizieren am liebsten den ganzen Tag, andere sind beim Fußball mit Leib und Seele dabei.

Gute Förderung reflektiert diese Aspekte. Um das Kind da abzuholen, wo es steht.

Das Kind nicht aus den Augen verlieren!

5 Erholung – mehr als Nichtstun

Wer viel leistet, braucht Zeit zur Regeneration, wie Studien zur Stress- und Erholungsforschung klar belegen. Zum Loslassen, zum Entspannen, auch mal Nichtstun. Mal innerlich zur Ruhe kommen. Sich wieder selbst spüren. Mal wieder in sich hineinhören. Oder dem nachhängen, was einem spontan Freude macht. Mal ein Buch lesen – ohne Bildungsanspruch. Einfach nur so, aus Freude am Lesen. Oder sich mal mit den Freunden treffen.

Das gilt für Schüler wie für Erwachsene.

6 Bewegung – das Geheimnis eines aktiven Gehirns

Die zwei wichtigsten Varianten der Regeneration sind

- kleine Pausen während der Lernphase, also während der Hausaufgaben
- eine längere Erholungsphase nach den Hausaufgaben.

Pausen!

Fast alle Aktivitäten, die Kindern Freude machen, dienen der Regeneration. Vor allem, sich mit Freunden treffen, ihnen SMS schreiben oder Aktivitäten im Freien wie Fahrrad fahren, skaten usw. Aber auch ein spannendes Buch lesen, in die Disco gehen, oder etwas zu Weihnachten basteln bringen die Kinder auf andere Gedanken und schaffen somit Abstand zur Schule. Beachten Sie bitte, dass Kinder, so wie wir Erwachsenen auch, ganz unterschiedliche Vorlieben und damit Regenerationsmöglichkeiten haben. Manche von uns erholen sich wunderbar bei Gartenarbeit – was anderen ein Graus ist. Die spielen vielleicht lieber Schach, kochen oder gehen zum Wandern. Erholung ist also individuell unterschiedlich – das gilt auch für Kinder und Jugendliche.

Aber nicht alle Aktivitäten sind gleich wirksam. Vor allem exzessives Fernsehen und Computerspielen sind wenig geeignete Regenerationsmöglichkeiten. Die Kinder sind zwar in einer anderen »Welt« – die vielen, vor allem visuellen Reize und die mangelnden Möglichkeiten, sich zu bewegen und selbst aktiv zu sein, behindern eher die Regeneration. Emotional aufreibende Filme, mit aggressiven oder ängstigenden Inhalten, fördern nicht die Entspannung des Kindes, sondern steigern seine innere Erregung.

Um sich gut zu regenerieren, sind Bewegung und Sport besonders geeignet. Um im Überlebenskampf zu bestehen, reichte es unseren Urahnen nicht, den ganzen Tag sitzend zu verbringen. Bewegung war angesagt. Von morgens früh bis abends spät. Wir müssen uns nur mal vergegenwärtigen, wie sie aus Getreidekörnern zum Mehl kamen. Ein harter Job vor 5000 Jahren. Allein das Mahlen mit der Hand einer nur für einen Tag ausreichenden Portion Mehl hätte den meisten von uns einen sehr unangenehmen Muskelkater beschert. Um unsere Ahnen dazu zu bringen engagiert zu arbeiten und sich zu

Regenerationsphasen sind wichtig!

bewegen, hat die Natur ein perfektes Mittel erfunden, nämlich Belohnung. Nach engagierter Bewegung fühlen wir uns psychisch besser und sind mental stärker.

Wenn Kinder sich bewegen, tun sie dabei nicht nur etwas für ihren Körper, sondern auch für ihre Psyche und ihr Gehirn. Bewegung fördert nämlich seine Durchblutung. Das verbessert zwar nicht gerade die Intelligenz, steigert aber die Leistungsfähigkeit des gesamten Gehirnapparats.

> Nach Sport und Bewegung fühlt man sich besser, arbeitet fokussierter, denkt besser nach, bleibt energischer dran und denkt kreativer.

Bewegung ist wichtig

7 Die Zutaten für erfolgreiches Lernen – stehen Sie zu Ihren Werten

Wir müssen hin und wieder unser Leben einer kritischen Selbstprüfung unterziehen. Leben wir überhaupt noch nach den Werten, die uns in unserem Innersten wirklich wichtig sind, oder sind wir durch die permanenten Verführungen von Medien und Werbung von unserem Weg abgekommen?

Als Vater und Mutter ist Ihnen doch nicht nur wichtig, dass Ihr Kind in der Schule gute Leistungen bringt, sondern noch vieles andere. Dass Ihr Kind gute Freunde findet, dass es etwas tut, was ihm Freude macht, dass es sensibel für seine Umwelt wird, dass es seine Persönlichkeit entwickelt, dass es erkennt, was ihm im Leben wirklich wichtig ist, dass es seine Stärken kennt, dass es zu sich selbst ein gutes Verhältnis hat, dass es lernt, auch mit wenig zufrieden zu sein und vieles andere.

Machen Sie sich Ihre Werte bewusst. Schreiben Sie sie auf.

Heften Sie sie an Ihre Küchentür. Werbung und Medien bombardieren uns derart mit ihren falschen Versprechungen, dass wir schnell den Kontakt zu dem verlieren, was im Leben nachhaltig zählt und unserem Leben Sinn vermittelt.

Wir sind auch als Eltern gefordert, unser Verhältnis zur Leistung neu zu definieren. Weg vom »Entweder-oder«, das nur nach Siegern und Verlierern misst. Und graduelle Abstufungen ignoriert. Hin zum »Sowohl-als-auch«. Sehr wohl Leistung zeigen, sich einsetzen und ruhig auch mal sein Letztes geben – aber gleichzeitig sensibel sein für sich selbst. Für den eigenen Körper. Für die eigene Psyche. Für die Beziehungen zu denen, die einem nahe stehen. Für die eigenen Grenzen. Und für die unserer Kinder.

Damit vermeiden Sie, dass aus Schulproblemen Familienprobleme werden. Und lieben Ihr Kind auch dann, wenn es sich in der Schule schwertut.

Kapitel 5

Motivationsstrategien

1 Wer ist der Boss von deinen Hausaufgaben?

Carlo ist wegen schlechter Schulleistungen bei mir angemeldet. Seine Eltern berichten, dass er nicht gerne Hausaufgaben mache. Im Gespräch frage ich ihn: »Wer ist der Boss von deinen Hausaufgaben?« Nach einer Weile antwortet er: »Meine Mutter.« – »Und wer kommt an zweiter Stelle?« Carlo: »Mein Lehrer.« – »Und an dritter Stelle?« – »Mein Opa.« Dass er selbst der Boss seiner Hausaufgaben sein könnte, kommt ihm gar nicht in den Sinn.

Manchmal entwickeln sich Lernsituationen in eine Richtung, in der die Kinder alle Verantwortung für ihr Lernen an andere abgeben. Sie haben keine wirkliche Vorstellung davon, warum Lernen wichtig sein soll. Wie gute Noten entstehen, ist für sie ein Buch mit sieben Siegeln.

Stellen Sie sich vor, Sie müssten den ganzen Tag die Autos ihnen unbekannter Menschen waschen. Auf die Frage »Warum machen Sie das?« fällt Ihnen nichts ein. Dann halten Sie wahrscheinlich nicht lange durch. Würde Ihre Antwort lauten »Weil ich dafür bezahlt werde und weil ich davon die Ausbildung meiner Kinder finanzieren möchte«, wären Ihre Motivation und Ihr Engagement ganz anders, und Ihre Leistung besser.

Klar, dass sich Kinder beim Lernen nicht anstrengen möchten, wenn sie gar nicht einsehen, welchen Gewinn sie davon haben.

Kindern den Gewinn vom lernen zeigen!

2 Zeigen Sie Ihrem Kind, warum ihm schon heute Lernen und Schule nützlich sind

Fragen Sie Ihr Kind: »Warum lernst du eigentlich?« Oder: »Was hast du eigentlich davon, wenn du lernst und deine Hausaufgaben machst?« Oder: »Welche Vorteile hast du davon, dass du in die Schule gehst?«

Und dann ist besonders wichtig, dass Sie Ihrem Kind aufmerksam zuhören. Und jede Antwort stehen lassen. Jüngere Schüler sagen zum Beispiel »Wegen meines Lehrers« oder »Weil es so ist«, oder sie sagen gar nichts.

Lassen Sie sich von solchen Antworten nicht entmutigen. Bleiben Sie dran. Stellen Sie Ihrem Kind zwei Wochen später wieder die gleiche Frage: »Was denkst du, warum könnte es denn gut für dich sein, wenn du lernst?«, oder »... wenn du lesen lernst oder rechnen?« oder Sie fragen: »Gab es eigentlich in letzter Zeit mal eine Situation, in der du rechnen gut gebrauchen konntest?«

Und wenn Ihrem Kind immer noch keine Antworten auf diese Fragen einfallen, könnten Sie zum Beispiel sagen: »Wir haben dir doch vor einiger Zeit Taschengeld gegeben. Könnte es da gut für dich sein, wenn du rechnen kannst?« Und wenn Ihr Kind sagt »Ja«, dann geben Sie sich natürlich noch nicht ganz zufrieden. Und fragen: »Prima, wie genau hilft es dir, wenn du rechnen kannst?« Oder: »Kannst du mir das noch genauer erklären?« Oder Sie fragen mal: »Teilst du eigentlich dein Taschengeld ein?« Und bei »Ja« fragen Sie: »Wie machst du das?«

Und: »Wo hast du das so gut gelernt?« Vielleicht auf den ersten Blick etwas eigenartige Fragen. Sie zeigen Ihrem Kind aber, dass es in der Schule Dinge lernt, die ihm persönlich weiterhelfen.

Indem Sie mit Ihrem Kind darüber sprechen, welche Vorteile es davon hat, dass es lesen, schreiben und rechnen lernt, geben Sie ihm Energie und stärken seine Motivation.

Und dann schreiben Sie die Antwort Ihres Kindes auf ein schönes Blatt Papier und lesen es beim Abendessen Ihrem Partner vor. Und loben Ihr Kind für seine klugen Antworten.

Dann könnten Sie sich und Ihrem Kind folgende Aufgabe stellen: »Lass uns doch mal die nächsten Wochen überlegen, in welchen Situationen jeder von uns rechnen gut gebrauchen kann.« Oder lesen oder schreiben. Am besten, Sie definieren das als gemeinsame Aufgabe. Nicht als eine Aufgabe, die Ihr Kind allein lösen muss. Dann sprechen Sie ein- oder zweimal pro Woche mit Ihrem Kind darüber, was Ihnen eingefallen ist. Am besten auch immer wieder einmal im größeren Kreis beim Abendessen. Dann sieht Ihr Kind: Diese Fragen sind für alle wichtig.

Je klarer Ihnen ist, was Ihr Kind schon heute davon hat, wenn es lernt und in die Schule geht, desto eher versteht das auch Ihr Kind. Und desto motivierter ist es fürs Lernen.

Natürlich ist es am besten, wenn Ihr Kind so viele Situationen wie möglich findet. Halten Sie sich selbst mit Antworten zurück, aber haben Sie eine Antwort parat, falls Ihr Kind Sie fragt oder Ihrem Kind nichts eingefallen ist. Dann können Sie sagen: »Ich habe heute mal ausgerechnet, wie viel Euro es kostet, wenn wir 100 km mit dem Auto fahren. Was denkst du, wie viel das ist?«, und daran lassen sich andere interessante Fragen an-

Fragen: Kosten/welche Vorteile hat ...
Vorteile entwickeln lassen!

schließen, wie z.B.: »Wir fahren im Monat circa 800 km. Was kostet das? Wenn ich pro Stunde xy Euro verdiene, wie lange muss ich dann dafür arbeiten?« Oder eine ganz andere Frage: »Wir müssen doch heute um 15:15 Uhr beim Arzt sein. Jetzt ist es fünf Minuten vor zwei. Wie viel Zeit haben wir noch? Was kann ich während dieser Zeit noch erledigen?« Natürlich müssen Sie dabei in etwa abschätzen, ob Ihr Kind schon in der Lage ist, derartige Aufgaben zu lösen.

Dabei geht es nicht an erster Stelle darum, dass Ihr Kind besser rechnen lernt, sondern dass es einen direkten Zusammenhang zwischen der Schule und seinem eigenen Leben herstellen kann. Und dass es erkennt, dass es schon heute von Lernen und Schule direkt profitiert.

Wichtig ist, dass Sie immer wieder darauf hinweisen, dass Ihr Kind seine Kompetenzen der Schule *und* seinen eigenen Bemühungen verdankt, indem Sie z.B. sagen: »Und das hast du gelernt, weil du in die Schule gegangen bist, gut aufgepasst hast und deine Hausaufgaben gemacht hast – prima.«

 Versuchen Sie, Ihrem Kind den Zusammenhang zwischen seinem Leben und Lernen und der Schule näherzubringen.

Es ist gar nicht so einfach, Alltagsbeispiele zu finden, in denen schulisches Wissen gefragt ist. Aber, wenn man sich bemüht, findet man schon einige Beispiele. So steckt unser Alltag voller Mathematik:

- Wie viele Stufen sind es eigentlich von der Haustür bis in unsere Wohnung? Sie können Ihr Kind erst schätzen und dann zählen lassen.
- Wie viele Minuten brauchst du eigentlich für deinen Schulweg? Erst schätzen lassen – dann stoppen. Wann musst du also losgehen, um pünktlich in der Schule zu sein?

Zusammenhang zwischen Schule + leben!

- Wie viel von deinen Fußballkarten kannst du eigentlich für dein Taschengeld, das du pro Monat erhältst, kaufen?

Schreiben Sie all diese Dinge auf ein Blatt Papier, das Sie laufend ergänzen. Verfahren Sie so einige Wochen. Beachten Sie, dass es vielleicht einige Wochen oder gar Monate braucht, bis Ihr Kind allmählich eine Vorstellung davon bekommt, wie es von dem, was es in der Schule lernt, profitiert. Dies ist kein Grund zur Sorge. Wiederholen Sie, wenn nötig, diese Übung in Abständen von einigen Wochen.

> Je besser und je konkreter Ihr Kind weiß, was ihm Schule und Lernen nützen, desto motivierter ist es.

3 Welche Vorteile hat es für dich, wenn du gut lernst und dich anstrengst?

Ältere Schüler geben hier Antworten wie
- Ich will in der Schule besser werden.
- Ich fühle mich besser, wenn ich gut vorbereitet in die Schule gehe.
- Ich will später einen guten Beruf haben.
- Ich will weniger Stress mit meinen Eltern haben.
- Ich will mein Ansehen bei meinen Mitschülern steigern.

Das sind ganz hervorragende Antworten. Gleich lernen Sie, wie Sie auf diese aufbauen können.

Vorteile entwickeln lernen:
Warum es sich lohnt zu lernen!

4 Hausaufgaben machen hat nicht nur einen Vorteil, sondern mehrere

Normalerweise gibt sich ein Schüler mit einer der oben genannten Antworten zufrieden. Und das ist natürlich ein guter Schritt in die richtige Richtung. Noch hilfreicher ist es allerdings, wenn er mehrere Vorteile findet. Wenn Ihr Kind sagt: »Ich will später einen guten Beruf haben«, dann loben Sie diese gute und richtige Antwort. Und fragen dann: »Überleg mal, welche anderen Vorteile hat es noch, wenn du gut lernst und dich anstrengst?«

Den Wert all dieser Antworten können wir gar nicht genug schätzen. Oft gehen sie aber im Alltag verloren. Geben Sie diesen Antworten in Ihrer Familie einen Ehrenplatz. Und wie? Indem Sie sie auf ein schönes Blatt Papier schreiben und in Ihrer Wohnung an einem prominenten Ort – also nicht im Keller – anbringen. Sondern zum Beispiel in Ihrem Wohnzimmer. Oder an der Eingangstür Ihrer Wohnung. Natürlich sprechen Sie sich dazu mit Ihrem Kind ab. Damit haben Sie dann aber einen perfekten Bezugspunkt, um die Bedeutung von Schule und Lernen Ihrem Kind zu verdeutlichen.

Der beste Motivationstrainer für Ihr Kind sind Sie. Nutzen Sie diese Chance.

5 Was bist du bereit, für dein Ziel zu tun?

Wenn ein Kind ein Ziel formuliert, so ist das ein erster wichtiger Schritt. Das reicht aber nicht aus, damit ein Kind sein Ziel auch erreicht.

Die nächsten Fragen, die Sie mit Ihrem Kind bearbeiten sollten, sind:

- Was bist du bereit für dein Ziel zu tun?
- Wann machst du das?
- Und wenn Hindernisse auftauchen? Was machst du dann?

  (Beachten Sie dazu bitte »Die beste Strategie bei schlechten Noten« in Kapitel 7 »Lernen und Hausaufgaben«)
- Möchtest du, dass wir dich unterstützen, wenn ja, wie?

wichtige Fragen!

Schreiben Sie alle Antworten auf diese Fragen auf.

> Je konkreter Ihr Kind angeben kann,
>
> - was es zu tun bereit ist, um sein Ziel zu erreichen und
> - wie es reagieren wird, wenn Hindernisse auftauchen,
>
>   desto eher wird es sein Ziel erreichen.

6 Wie Sie mit Ihrem Kind über nicht gemachte Hausaufgaben sprechen

Warum Kinder keine Hausaufgaben machen

Wenn Kinder keine Hausaufgaben machen, sind die Hauptgründe:

- Sie können sich nicht motivieren.
- Andere Aktivitäten sind interessanter.
- Sie können die Aufgaben nicht lösen oder trauen es sich nicht zu.
- Sie können sich nicht genügend selbst steuern, um durchzuhalten und geben bei den ersten Hürden auf.

Sie könnten sagen: »Ich hab von deinem Lehrer gehört, dass du ein paarmal deine Hausaufgaben nicht gemacht hast und nicht mehr richtig lernst. Ich will dir jetzt keine Vorwürfe machen, wie du vielleicht befürchtest. Lass uns bitte mal in Ruhe überlegen, welche Vorteile es hat, die Hausaufgaben nicht zu machen und welche Nachteile das hat. Ich hol mir jetzt mal Papier und etwas zu schreiben und dann besprechen wir das. Magst du vielleicht vorher noch einen Schluck Orangensaft?« Hoppla – denkt Ihr Kind jetzt. Damit hatte es nicht gerechnet. Es hatte vermutlich Angst davor, dass es jetzt ein Donnerwetter gibt und ist angesichts dieser Einleitung etwas verwirrt. Das macht nichts.

Sie könnten dann aufstehen und ein Glas Orangensaft holen. Damit geben Sie Ihrem Kind Gelegenheit, durchzuatmen und sich ein wenig zu entspannen. Das ist sehr hilfreich, denn dann kann es die oben erwähnten Fragen besser beantworten. Und am besten ist es, Ihr Kind findet selbst viele Antworten, statt dass Sie das tun müssen.

Weil Ihr Kind vermutlich noch Zweifel daran hat, ob Ihr Gesprächsangebot wirklich ernst gemeint war, und befürchtet, dass vielleicht doch gleich Vorwürfe folgen könnten – vielleicht meint es auch, es habe sich irgendwie verhört –, fangen Sie am besten gerade noch einmal von vorne an und sagen dasselbe langsam und in ruhigem und verständnisvollem Tonfall noch ein zweites Mal.

Dann fragen Sie: »Was meinst du denn, Mathias, welche Vorteile könnte es haben, wenn du deine Hausaufgaben nicht machst?« Vielleicht fällt Ihrem Kind wenig ein, das macht nichts, lassen sie es nachdenken. Ermutigen Sie es dazu, weiter über Vorteile nachzudenken: »Überleg doch bitte mal, welche Vorteile könnte das denn haben.« Wenn Ihrem Kind immer noch nichts einfällt, könnten Sie anbieten: »Vielleicht hast du dann kurzfristig deine Ruhe?« Vermutlich sagt dann Ihr Kind: »Ja.« Dann schreiben Sie das bitte auf das Blatt Papier, fragen Sie Ihr Kind, ob alles stimmt und fahren dann fort: »Und welche Vorteile könnte es noch geben?« Vielleicht sagt es: »Ich kann dann schneller raus zum Spielen.« Oder »Ich kann dafür Harry Potter lesen.« Sie schreiben diese Antworten auf.

Diese Phase dauert etwa zwei bis fünf Minuten. Ein wichtiger Punkt dabei ist, dass Ihr Kind jetzt davon überzeugt ist, dass ihm von Ihnen »keine Gefahr« droht. Damit ist Ihr Kind offener für das nächste Thema, nämlich wenn Sie über die Nachteile sprechen.

> Bei Gesprächen rund um Schule und Lernen geht es vor allem darum, die Motivation Ihres Kindes zu fördern. Dabei macht der Ton die Musik.

Welche Nachteile hat es, wenn du deine Hausaufgaben nicht machst?

Dann fragen Sie einfach: »Und was mich jetzt interessiert, ist: Welche Nachteile hat es, wenn du deine Hausaufgaben nicht machst?«

Natürlich kennen Sie schon die Antworten, wie zum Beispiel:

- Wie stressig und unangenehm es ist, immer Angst haben zu müssen, dass es der Lehrer merkt.
- Wie peinlich es ist, vom Lehrer etwas gefragt zu werden und keinerlei Ahnung davon zu haben, wie die Antwort denn lauten könnte.
- Dass die Mitschüler dann denken, man sei etwas doof.
- Dass man sich schließlich selbst dümmer als die anderen vorkommt.

Weitere Nachteile sind:

- Dass man sich immer wieder ganz schlecht fühlt, wenn die Note in der Klassenarbeit schlecht ist.
- Dass man vielleicht schon am Abend vorher oder am Morgen so ein schlechtes Gefühl hat, wenn man an die Schule denkt und all die unangenehmen Dinge, die damit verbunden sind, wenn man seine Hausaufgaben nicht gemacht hat.
- Dass man eigentlich nur unnötig seine Zeit vertrödelt, wenn man nur wegen der nicht gemachten Hausaufgaben nachsitzen muss.
- Dass man deshalb oft mit seinen Eltern Ärger hat. Wenn das bei Ihnen zu Hause schon der Fall war, können Sie sagen: »Erinnerst du dich noch, wie viel Streit wir beide vor einem halben Jahr hatten, weil du deine Hausaufgaben nicht gemacht hattest? Das war doch für uns beide nicht schön.«
- Dass man sich schlecht fühlt, wenn man seinen Eltern sagt, »Ich hab die Hausaufgaben gemacht«, obwohl man genau weiß, dass das gar nicht stimmt.

> Ihr Kind soll so weit wie möglich selbst herausfinden, warum es sich schadet, wenn es keine Hausaufgaben macht. Selbst wenn es ihm schwerfällt.

Lassen Sie Ihrem Kind deshalb Zeit zum Nachdenken. Berücksichtigen Sie, dass dieses Gespräch für Ihr Kind belastend ist. Denn es greift ein Verhalten auf, von dem Ihr Kind selbst spürt, dass es nicht richtig gehandelt hat. Und das ruft bei ihm eine ganze Palette unangenehmer Gedanken und Gefühle hervor. Viele Kinder schämen sich, weil sie auf ein Fehlverhalten angesprochen werden. Klar, dass Ihr Kind nicht allzu gerne über diese Dinge nachdenkt. Trotzdem kann es sinnvoll sein, die negativen Emotionen Ihres Kindes wegen der nicht gemachten

Hausaufgaben noch ein wenig zu verstärken, indem Sie sagen: »Hast du nicht in letzter Zeit schlecht geschlafen? War das nicht wegen der nicht gemachten Hausaufgaben? Woran hast du denn da gedacht, als du in deinem Bett lagst? Wie hast du dich denn da gefühlt? Ich kann mir gut vorstellen, dass das wirklich nicht schön für dich war.« Lassen Sie eine kleine Pause: »Ich kann mir gut vorstellen, dass du vielleicht Angst hattest, dass es dein Lehrer doch merken könnte. Oder dass deine Klassenkameraden dann blöde Bemerkungen machen würden …« usw.

Natürlich wollen Sie Ihrem Kind nicht unnötig wehtun. Aber Ihr Kind kann ruhig deutlich spüren, wie ungünstig eigentlich sein Verhalten ist. Dann ist es motivierter, die nötigen Konsequenzen zu ziehen.

Am besten ist es, wenn Ihr Kind alle Nachteile aufschreibt. Dabei dürfen Sie es gern unterstützen.

Das Gespräch darüber, welche Nachteile es für ein Kind hat, keine Hausaufgaben zu machen, verlangt Ruhe und Fingerspitzengefühl. Das Kind sollte sich auf keinen Fall kritisiert oder bloßgestellt fühlen. Bleiben Sie sachlich.

Ziel ist, dass Ihrem Kind allmählich klar wird, dass es sich mit seinem Verhalten selbst schadet.

> Wenn Ihr Kind konkret erkennt, dass es sich letztlich selbst schadet, wenn es nicht lernt und keine Hausaufgaben macht, kann dies zum Ausgangspunkt für eine Neubewertung von Lernen, Schule und Hausaufgaben werden.

Wenn Sie mit Ihrem Kind über die Nachteile sprechen, sollten Sie immer wieder auch viel Verständnis zeigen, indem Sie z. B. sagen: »Ich kann gut verstehen, dass du dich dabei nicht wohlgefühlt hast.« Oder: »War das nicht auch für dich eine ganz schwierige Zeit?« Damit helfen Sie ihm dabei, einen Zusammenhang herzustellen zwischen keine Hausaufgaben machen und den daraus entstandenen unangenehmen Emotionen. Das erleichtert es ihm, sich künftig gegenüber seinem bisherigen Verhalten abzugrenzen und sich für einen Neuanfang zu entscheiden.

Ziehen Sie Bilanz

Bevor Sie Bilanz ziehen, könnten Sie darauf hinweisen, wie gut sich Ihr Kind bisher in diesem Gespräch verhalten hat, indem Sie sagen: »Das ist jetzt kein leichtes Gespräch für dich gewesen, oder?« Und dann eine kleine Pause lassen. Und dann fortfahren: »Ich bin aber wirklich jetzt sehr froh, dass wir das so gut besprechen konnten und dass du so gut mitgemacht hast.«

Dann könnten Sie sagen: »Lass uns nochmal gemeinsam die Vor- und Nachteile ansehen. Was kannst du daraus lernen?« Wenn Ihr Kind sagt, »Es nicht mehr machen« oder »Die Hausaufgaben machen«, dann sagen Sie: »Ja, das hast du ganz prima erkannt, toll. Und ich bin überzeugt, das ist das Beste, was du tun kannst.« Auch diese Antwort darf Ihr Kind auf dem Papier festhalten.

Unterstützen Sie jetzt Ihr Kind

Natürlich lassen Sie Ihr Kind in dieser schwierigen Situation nicht allein. Gehen Sie davon aus, dass Ihr Kind nicht in der Lage ist, die nötigen Veränderungsschritte einzuleiten, selbst wenn es das will. Deshalb sagen Sie: »Lass uns doch zusammen überlegen, wie wir das in Zukunft anders machen können.«

Stellen Sie auch hier wieder diese Frage zunächst an Ihr Kind. »Was kannst du tun, um in Zukunft alle deine Hausaufgaben zu machen?« Warten Sie dann, ob Ihr Kind Antworten findet. Erwarten Sie keine komplexen Lösungsantworten. Wenn Ihr Kind sagt: »Ich mache es halt einfach«, dann schreiben Sie das auf. Wiederholen Sie es. Loben Sie Ihr Kind dafür, dass es eine so interessante Antwort gefunden hat: »Du machst es in Zukunft – interessante Idee.« Überlegen Sie auch selbst, welche Lösungsmöglichkeiten Sie sehen. Zum Beispiel diejenigen, die Sie hier in diesem Buch finden. Schlagen Sie Ihrem Kind Ihre Lösungen vor. Lassen Sie Ihr Kind diese ebenfalls auf das Blatt unter dem Stichwort »Wie man seine Hausaufgaben schafft« schreiben.

Wenn Sie eine genügend große Liste haben, dann müssen Sie nur noch gemeinsam die vorhandenen Lösungen danach beurteilen, wie hilfreich sie wohl sein werden. Wählen Sie die besten Lösungen aus. Ihr Kind darf sie dann unter dem Stichwort »Die besten Ideen, um Hausaufgaben zu machen« notieren.

Gehen Sie auch auf das Thema »Hindernisse überwinden« ein. Wie, erfahren Sie in Kapitel 7 im Unterkapitel »Die beste Strategie bei schlechten Noten«. Fragen Sie Ihr Kind: »Angenommen, du kommst mal wieder in die Versuchung, deine Hausaufgaben nicht machen zu wollen. Was machst du dann?« Lassen Sie Ihr Kind selbst Lösungen für diese Situation finden. Das muss nicht heute sein. Dann besprechen Sie das noch einmal zu einem späteren Zeitpunkt.

Wenn Sie möchten, können Sie jetzt Ihr Kind entscheiden lassen, wo es dieses Blatt aufhängen oder aufbewahren möchte.

Fördern Sie die Problemlösekompetenz Ihres Kindes, statt dass Sie seine Probleme lösen.

Bleiben Sie dran

Beachten Sie, dass Veränderung ein langfristiger Prozess ist. Und es nicht mit dem ersten Schritt getan ist. Selbst wenn Ihr Kind gut gestartet ist, heißt das noch lange nicht, dass es langfristig dranbleibt. Kinder haben nicht so viel Kraft, langfristige Veränderungen, die viel Energie kosten, einfach so umzusetzen. Ihr Kind will sicher gut starten, blendet jetzt aber noch aus, welche Schwierigkeiten auf es zukommen werden, z.B. wenn es mal wieder nicht weiß, wie es diese oder jene Aufgabe lösen soll oder wenn es enttäuscht davon ist, weil es trotz Lernens keine gute Note geschrieben hat und ihm deshalb die Energie fürs Lernen fehlt.

Stellen Sie sich also innerlich darauf ein, dass Ihr Kind weiter Ihre Unterstützung braucht. Lesen Sie dazu bitte aus Kapitel 6 das Unterkapitel: »Was ›In Zukunft werde ich besser lernen‹ und Neujahrsvorsätze gemeinsam haben«.

Sie wissen jetzt, dass nicht alles sofort perfekt klappt. Damit sind Sie gut gerüstet, um Ihr Kind in Zukunft weiter zu unterstützen.

So gehen Sie weiter vor:

- Überprüfen Sie nach einer Woche gemeinsam, wie hilfreich die Vorschläge waren.
- Loben Sie Ihr Kind, wenn es sich mit seinen Hausaufgaben verbessert hat! Selbst wenn noch nicht alles so ist, wie Sie es sich wünschen. Loben Sie Schritte in die richtige Richtung.
- Überlegen Sie, was noch verbessert werden könnte. Lassen Sie vor allem Ihr Kind darüber nachdenken.
- Wiederholen Sie dieses Vorgehen in den nächsten Wochen.
- Legen Sie die nächsten zwei bis drei Termine sofort fest.

Kind einbeziehen

Wie Sie bei einem Jugendlichen vorgehen

Grundsätzlich gilt bei Jugendlichen noch stärker als bei jüngeren Kindern, dass wir versuchen müssen, sie in die Lage zu bringen, ihre Hausaufgaben- und Schulprobleme selbst zu lösen bzw. auch eigene Lösungsansätze selbst zu entwickeln. Also sie so weit wie möglich für die Lösung ihrer Hausaufgaben- oder Lernprobleme verantwortlich zu machen.

Wenn wir bei einem 15-Jährigen so wie gerade oben beschrieben vorgehen würden, würde der vermutlich meinen, man würde ihm nichts zutrauen. Oder er würde sich wie ein Baby behandelt fühlen.

> Jugendliche empfinden Ratschläge schnell als Einmischung. Dann haben Ratschläge keinen Sinn – egal wie gut sie sind.

Bei Jugendlichen müssen wir folgende Aspekte berücksichtigen:
- Sie bagatellisieren ihre Schwierigkeiten.
- Sie überschätzen häufig ihre Möglichkeiten.
- Sie unterschätzen, wie schwierig es ist, regelmäßig seine Hausaufgaben zu machen, wenn einen die Schule und die dort vermittelten Inhalte wenig interessieren.
- Sie brauchen Ermutigung – selbst wenn sie nach außen so wirken, als könnten sie darauf gerne verzichten.
- Veränderung ist nur in kleinen, möglichst konkreten Schritten möglich.

Wenn Sie das berücksichtigen, können Sie ähnlich vorgehen wie oben beschrieben. Machen Sie Ihrem Kind klar, dass Sie die Probleme nicht tolerieren und dass Sie eine Lösung von ihm erwarten. Sie könnten zu ihm sagen: »Möchtest du lieber allein nachdenken, wie du das in Zukunft hinkriegst, oder sollen wir zusammen drüber reden?« Vermutlich will Ihr Kind keine Hilfe. Sagen Sie: »O.K. – wir möchten uns übermorgen um 18:00 Uhr mit dir treffen, um zu sehen, was du rausgefunden hast.«

Wundern Sie sich dann aber nicht, wenn Ihr Kind noch keinen einzigen Lösungsvorschlag gefunden hat. Dann können Sie verlangen, dass Sie sofort gemeinsam über Lösungen nachdenken. Dabei dienen Ihnen die Fragen oben zur Orientierung.

> Unterstellen Sie Ihrem Kind, dass es seine Hausaufgaben- oder Lernprobleme selbst lösen kann.

Anders gesagt: Ihr Kind entwickelt eher dann eigene Lösungsansätze, wenn Sie an es glauben. Wenn Sie ihm das auch wirklich zutrauen.

Aus Problemen Ziele machen

Im Zentrum der westlichen Psychologie standen lange Zeit die Probleme und Traumata der Menschen. Das hat dabei geholfen, die Schwierigkeiten, denen wir im Laufe unseres Lebens gegenüberstehen, besser und differenzierter zu beschreiben. Der Nachteil daran ist, dass diese Sichtweise schnell zu einer Fixierung von Problemen und Schwierigkeiten führt. Eltern sehen dann bei ihrem Kind nur noch das Problem. Das hilft dem Kind aber nicht wirklich weiter. Im Gegenteil: Das Kind fühlt sich kritisiert und spürt, dass es den Ansprüchen und Erwartungen seiner Eltern nicht nachkommt. Dadurch fühlt es sich unter emotionalem Druck. Dies ist ungünstig, wenn man Probleme lösen will. Besser ist es, aus Problemen Ziele oder zu erlernende Fertigkeiten zu machen.

Jedes Problem kann in eine zu erlernende Fertigkeit umgewandelt werden, z. B.:

- Das Kind trödelt bei den Hausaufgaben – lernen, konzentriert die Hausaufgaben zu erledigen.
- Das Kind hat wieder vergessen, im Hausaufgabenbüchlein einzutragen, was es aufhat – lernen, regelmäßig die Hausaufgaben ins Hausaufgabenbüchlein einzutragen.
- Das Kind schiebt es bis zum letzten Drücker hinaus, sich auf Vorträge oder umfangreiche Prüfungen vorzubereiten – einen langfristig angelegten Plan erarbeiten, der es ermöglicht, rechtzeitig mit dem Lernen anzufangen.

> Gewöhnen Sie sich an, Probleme in Lösungen umzuwandeln. Davon profitieren Sie sogar, wenn es um Sie selbst geht.

Warum soll man das tun?

> Es ist leichter, sich für Ziele einzusetzen, als gegen Probleme anzukämpfen.

Ist das Kind zu »dumm« – oder sein Umfeld zu anspruchsvoll?

Wenn ein Kind schlechte Noten schreibt oder bei den Hausaufgaben oft viele Fehler hat, dann fragen sich Eltern oder Lehrer: »Was ist mit dem Kind los?« Der Vorteil dieser Frage ist, dass sie Hinweise auf Verbesserungsmöglichkeiten geben kann, wie zum Beispiel, wenn ein Kind eine schlechte Note hat, weil es sich nicht gut vorbereitet hat. Daraus ergeben sich unmittelbar Konsequenzen, um für die Zukunft besser gewappnet zu sein, indem sich das Kind besser auf Prüfungen vorbereitet.

Der Nachteil dieser Frage ist, dass sie die Verantwortung für den Misserfolg einseitig in das Kind hineinverlegt. Ob es zu wenig gelernt hat oder ob es zu wenig begabt ist, all diese Fragen führen zu Spekulationen darüber, was mit dem Kind nicht stimmen könnte.

Stellen Sie sich bitte ganz kurz vor, Sie wären beim Hochsprung-Training. Sie sind Anfänger. Der Trainer lässt die Latte auf 1,75 m legen. Was geht Ihnen durch den Kopf? Vielleicht: »Was ist das für ein Trainer?« Warum würden Sie das denken? Weil offensichtlich ist, dass er Ihre Lernvoraussetzungen völlig falsch erkannt hat und ein Lernarrangement aufgestellt hat, an dem Sie unweigerlich scheitern müssen. Damit das nicht geschieht, arrangiert ein guter Hochsprungtrainer Trainingssituationen so, dass sein Schüler sie zumindest gerade noch bewältigen kann.

Ähnliches gilt für Eltern, die ihr Kind bei Lernen, Hausaufgaben und Schule fördern möchten.

> Sehen Sie sich als Arrangeur von Lernsituationen. Und zwar solchen, die Ihrem Kind Erfolgserlebnisse ermöglichen.

Wie könnte das konkret aussehen?
- In Bezug auf Hausaufgaben könnte das bedeuten, sie in kleine, überschau- und bewältigbare Schritte zu unterteilen.
- In Bezug auf Vokabellernen würde das bedeuten, jeweils nur wenige neue Vokabeln abzuhören und dazwischen immer wieder solche einzustreuen, die das Kind bereits beherrscht.
- In Bezug auf Kopfrechnen üben, könnten Sie Ihr Kind für jede richtige Rechnung einen Strich machen lassen. Und es am Schluss die richtigen Lösungen zusammenzählen lassen. Sie könnten sogar den Lernverlauf über mehrere Tage dokumentieren, indem Sie für jeden einzelnen Tag an Ihrem PC ein entsprechendes Diagramm erstellen, das die Anzahl der richtig gelösten Aufgaben abbildet.

Lerninhalte portionieren!

Wenn Eltern das Vertrauen in ihr Kind verloren haben

Aber, trotz aller Hilfe und trotz allen guten Willens kommen Eltern manchmal zur Ansicht: »Das schafft mein Kind nie.« Das ist nachvollziehbar, stellt aber ein massives Hindernis dar.

Stellen Sie sich bitte kurz vor, Ihr Chef würde Ihnen offen Ihre beruflichen Kompetenzen absprechen. Dann würden Sie sich vermutlich sagen: »Warum soll ich mich da noch anstrengen?« Und wären auf Ihren Chef ganz schlecht zu sprechen.

Genauso reagiert ein Kind, wenn es spürt, dass seine Eltern an seine Fähigkeiten, zu lernen und seine Hausaufgaben zu machen, nicht mehr glauben.

Nach lang anhaltenden Hausaufgaben- und Lernproblemen ist es kein Wunder, wenn Eltern den Glauben an die Lernkompetenz ihres Kindes verloren haben. Dann können sie aber das hier beschriebene Vorgehen *nicht* anwenden. Denn die Vertrauens- und Kooperationsbasis zwischen den Eltern und ihrem Kind ist beschädigt. In diesem Fall müssen die Eltern zuerst ihre Haltung ändern. Das gelingt am besten mit fachlicher Unterstützung, wie zum Beispiel ein Gespräch mit einem Beratungslehrer oder einem Schulpsychologen. In einem solchen Fall haben die Betroffenen schon alles Erdenkliche versucht. Aber leider ohne den gewünschten Erfolg.

> Kinder und Jugendliche spüren genau, ob ihnen ihre Eltern etwas zutrauen oder nicht.

Die elterliche Überzeugung, dass ihr Kind seinen Weg schon gehen wird, ist ein Schlüsselfaktor für die Kompetenzentwicklung jedes Kindes.

Kindern etwas zutrauen!

Kapitel 6

Ihr Weg zum Lern-Coach

1 In Zukunft werde ich besser lernen

Für Kevins Eltern ist jetzt das Maß endgültig voll. Nach einer Serie von schlechten Noten melden sie Kevin beim Beratungslehrer der Schule an. Herr Graf lädt Kevin und dessen Eltern zu einem gemeinsamen Gespräch. Dort verspricht Kevin hoch und heilig: »Ich werde jetzt in Zukunft mehr lernen und die Hausaufgaben machen.« Ein Schritt in die richtige Richtung. Dachten die Erwachsenen.

Am nächsten Tag setzt sich Kevin tatsächlich, sogar ohne zu murren, an seine Hausaufgaben. Und am nächsten Tag auch. Und die nächsten Tage auch. Seine Eltern glauben schon an die Wende. Leider sollen sie sich täuschen. Denn einige Tage später lässt Kevins Einsatz bei den Hausaufgaben nach und wieder einige Tage später ist es so wie früher. Kevin macht von sich aus so gut wie nichts mehr.

Und jetzt? Heißt das, dass Kevin gelogen hat? Heißt das, dass er eigentlich doch faul ist? Und unzuverlässig? Und unfähig?

Das könnte man meinen. Aber die Dinge sind komplizierter.

2 Was »In Zukunft werde ich besser lernen« und Neujahrsvorsätze gemeinsam haben

Regelmäßig zum Jahreswechsel fassen sich viele Menschen Vorsätze, was sie im neuen Jahr besser machen möchten. Im Jahr 2007 untersuchte das Institut für Demoskopie Allensbach, was es mit unseren Neujahrsvorsätzen auf sich hat. Es zeigte sich, dass sich fast kein Vorsatz um solche Bagatellen drehte, wie alle 14 Tage Staub wischen oder ähnliches. Sondern, dass sich die Menschen persönlich sehr bedeutsame Themen vornahmen. Viele bezogen sich auf so wichtige Dinge wie Gesundheit, zum Beispiel gesünder essen, mit dem Rauchen aufhören oder regelmäßig Sport treiben.

Und wie gut setzen die Menschen ihre Vorsätze um? Ganz schlecht. Nur jeder dritte Vorsatz hat die ersten Wochen überstanden!

Kennen Sie das auch von sich? Haben Sie nicht auch schon einige für Sie wichtige Vorsätze gehabt, aber nicht lange durchgehalten? Rufen Sie sich bitte kurz einige davon ins Gedächtnis.

Hunderttausende von Menschen, die mehr Sport treiben wollen, haben zwar einen ganz hervorragenden Vorsatz, scheitern aber bei der höchst anspruchsvollen Umsetzung.

Wie soll es da der kleine Kevin schaffen? Natürlich will er wirklich besser lernen. Natürlich will er bessere Noten haben. Sein Vorsatz ist ihm ebenso wichtig, wie uns unsere Vorsätze auch sind. Trotzdem hat er nicht lange durchgehalten.

Das Fachgebiet, das sich mit dem Durchhalten von Vorsätzen befasst, ist die Selbstregulationsforschung. Die Experten unterscheiden zwischen dem ersten Schritt und dem langfristigen Durchhalten. Eine wichtige Unterscheidung. Im Vergleich zum langfristigen Durchhalten ist der erste Schritt noch relativ einfach. Man hat sich endlich dazu durchgerungen, beispielsweise mit Sport anzufangen und ist von seiner ersten Trainingseinheit begeistert. Einfach schon deshalb, weil man sich endlich zu dem aufgerafft hat, was man ewig vor sich hergeschoben hatte. Und weil man sich den Start viel schwerer vorgestellt hatte. Jetzt ist man erst mal positiv überrascht: So schwierig war das ja gar nicht. Die ersten paar hundert Meter leichtes Joggen zum Beispiel. Oder die erste Fitness-Runde im Studio. Dann beim zweiten und dritten Mal klappt wieder alles gut. Perfekt, denken viele. Und meinen, jetzt schon über dem Berg zu sein. Eine trügerische Vorstellung. Denn schon bald, vielleicht nach der achten oder zehnten Trainingseinheit, fangen die ersten Schwierigkeiten an. Man spürt irgendwie, dass alles doch nicht so einfach ist. Dass das Laufen doch ziemlich beschwerlich ist. Dass man doch schnell außer Atem ist. Dass die Strecke, die man beim ersten Lauf noch so interessant und abwechslungsreich fand, eher langweilig wird. Dass die Lust langsam nachlässt. Und ganz allmählich, ohne dass man sich das wirklich selbst eingestehen möchte, nehmen die Ausreden überhand. »Heute ist das Wetter zu schlecht« oder »Heute hab ich keine Zeit«. Beim nächsten Mal kommt ein Geschäftstermin dazwischen und beim übernächsten Mal der Besuch der Schwiegermutter. Es scheint wie verhext zu sein mit dem gut gemeinten Vorsatz. In Wirklichkeit haben wir unterschätzt, dass erfolgreiches Dranbleiben einiges an Stehvermögen verlangt. Und vor allem Disziplin.

 Veränderungs-Experten unterscheiden zwischen dem ersten Schritt und dem langfristigen Dranbleiben.

Stellen Sie sich vor, Sie wollten Ihren Partner oder Ihre beste Freundin beim Vorsatz, regelmäßig sportlich aktiv zu werden, unterstützen. Er hat Ihnen berichtet, dass er gut gestartet sei, aber dass es jetzt wirklich hart für ihn wird. Die Lust lasse nach – er müsse sich zum Durchhalten zwingen. Wie würden Sie reagieren? Mit Vorwürfen? Mit »Ich hab doch immer gewusst, dass du das nicht schaffst« oder »Auf dich ist wirklich gar kein Verlass« oder Ähnlichem?

Sicher mit Verständnis. Oder mit einem energischen, aber gut gemeinten »Los, pack's an«. Oder indem Sie ihn mit seinem Lieblingsessen verwöhnen, nachdem er beim Sport war, obwohl er anfangs gar keine Lust dazu hatte.

Ein guter Coach ermutigt und motiviert.

Um Kinder wie Kevin beim Hausaufgabenmachen und Lernen zu unterstützen, ist es hilfreich, wenn Sie sich vorstellen, Sie seien eine Art Coach, ähnlich dem Coach eines Sportlers.

Um einem Missverständnis vorzubeugen: Wenn wir hier und im Folgenden darüber sprechen, wie Sie Ihr Kind beim Lernen und Hausaufgabenmachen unterstützen können, dann ist damit *nicht* gemeint, dass Sie dauernd neben Ihrem Kind sitzen und es beaufsichtigen, während es seine Aufgaben macht. Oder, dass Sie Fehler Ihres Kindes selbst korrigieren.

Das Ziel von Lern-Coaching ist, dass Ihr Kind lernt, selbstständig zu arbeiten.

Mehr dazu erfahren Sie in Kapitel 7 »Lernen und Hausaufgaben«.

Eltern als Coach!

3 Der gute Coach kennt sich selbst

Es ist schon das dritte Mal innerhalb von fünf Tagen, dass Frau Schneider mit Adrian die englischen Vokabeln übt – aber er kann immer noch nicht alle. Frau Schneider platzt der Kragen: »Geht das eigentlich nie in deinen Kopf rein?« Sie spürt genau, wie Adrian das wehtut. Wie er sich jetzt richtig versteift. Eigentlich gar nicht mehr lernen will. Und sofort sind wieder ihre Selbstanklagen da. »Genau so wolltest du nicht mehr reagieren«, lässt sich ihre innere Stimme verlauten. Schuldgefühle. Sie spürt, wie sich Adrian durch solche Szenen immer weiter von ihr entfernt. Wie ihre Beziehung immer wieder einen kleinen Riss bekommt. Wie ihr das wehtut.

Was jetzt? Was Frau Schneider mitmacht, erleben täglich hunderttausende von Müttern während des Hausaufgabenmachens. Dagegen hilft,

- sich über die eigenen Entwicklungsfelder klar werden
- sich eine Alternativ-Strategie zurecht legen
- in kleinen Schritten gegensteuern.

So könnten Sie vorgehen:

Beginnen Sie mit einer Selbstbeobachtungsaufgabe: Beobachten Sie bitte während der nächsten zwei Wochen all die Situationen, die Sie innerlich aufwühlen, die Sie mal wieder zur Verzweiflung bringen könnten, die Ihnen immer wieder schwerfallen. Fachleute nennen das, den eigenen Hot Spots (auf Deutsch etwa »heiße Reaktionen«, wie sich aufregen usw.) auf die Spur kommen. Das kann zum Beispiel sein,

- wenn Ihr Kind schon zu Beginn der Hausaufgaben rumtrödelt und gar nicht wirklich anfangen will
- wenn Ihr Kind ausdrückt, dass ihm die Hausaufgaben egal sind, indem es zum Beispiel unordentlich schreibt

- wenn Ihr Kind schummelt und Teile der Hausaufgaben verheimlicht
- wenn Ihr Kind wieder sein Heft vergessen hat
- wenn Ihr Kind schon wieder eine schlechte Note hat
- wenn sich Ihr Kind nicht konzentriert
- wenn Ihr Kind widerwillig reagiert, obwohl Sie ihm doch bloß helfen wollen.

Und vieles andere. Notieren Sie diese Situationen.

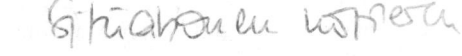

4 Der gute Coach lernt selbst

Wenn Sie zwei Wochen diese Situationen gesammelt haben, dann haben Sie drei Möglichkeiten:

Erste Variante: Sie überlegen, wie Sie in Zukunft in diesen Situationen reagieren werden. Meist ist es am einfachsten, sich mit anderen Menschen auszutauschen, zum Beispiel mit einer Ihnen befreundeten Mutter.

Zweite Variante: Sie nehmen Ihr Beobachtungsblatt, auf dem Sie die einzelnen schwierigen Situationen notiert haben. Wenn das mehrere Situationen sind, ordnen Sie der Schwierigkeit nach. Beginnen Sie mit einer einfachen Situation. Überlegen Sie sich innerlich, dass Sie diese Situation so bewältigen, wie Sie es sich wünschen, wie Sie zum Beispiel innerlich gelassen bleiben, obwohl Ihr Kind wieder das Verhalten zeigt, durch das Sie sich in der Vergangenheit provozieren ließen.

Dritte Variante: Sie stellen sich innerlich vor, wie Sie während der Hausaufgabensituation ruhig und gelassen bleiben – was auch immer geschieht. Sinnvoll ist, wenn Sie sich darauf kurz vorbereiten. Das heißt konkret, dass

- Sie sich, bevor die Hausaufgabensituation beginnt, kurz entspannen
- Sie sich Ihr Ziel in Erinnerung rufen und darauf konzentrieren.

Aber was machen Sie, wenn Sie trotzdem während einer Hausaufgabensituation spüren, dass Sie innerlich unruhig und gereizt werden?

Zunächst einmal haben Sie damit etwas ganz Wertvolles bemerkt. Diese Einsicht ist vor allem bei sozial nicht akzeptierten Gefühlen, wie die Nerven verlieren oder gar wütend werden, nicht einfach. Denn so wollen wir uns ja lieber nicht sehen.

Weil es im Zusammenleben mit anderen aber so wichtig ist, die eigenen Stimmungen und Gefühle zu erkennen, haben Fachleute dafür extra einen Begriff geprägt, nämlich emotionale Intelligenz. Einen guten Zugang zu sich zu haben, ist deshalb so hilfreich, weil man dann gegensteuern kann.

Sie haben folgende Möglichkeiten:

- Sie nehmen sich eine kleine Auszeit und verlassen Ihren Platz. Sie können beispielsweise in die Küche gehen und ein Glas Wasser trinken. Das ist der leichteste und meist beste Weg.
- Sie können an Ihrem Platz sitzen bleiben, ein paarmal durchatmen und versuchen, sich zu entspannen. Das ist der deutlich schwierigere Weg.

Welchen Weg Sie auch wählen, sinnvoll ist, dass Sie Ihrem Kind mitteilen, was jetzt genau in Ihnen vorgeht. Zum Beispiel könnten Sie sagen: »Ich spüre, wie ich jetzt innerlich angespannt und nervös werde. Ich will gleich gegensteuern. Ich werde deshalb in Ruhe in die Küche gehen, ein Glas Wasser trinken und mich entspannen. Einen Moment bitte, ich komme bald wieder zu dir zurück.«

Es wäre nicht realistisch, wenn Sie sich gleich beim ersten Mal vornehmen, während der gesamten Hausaufgabenzeit innerlich ruhig und entspannt zu bleiben. Schätzen Sie ab, wie lange Sie das in etwa schaffen könnten. Wählen Sie dann als erstes Ziel eine Zeit, die nur knapp darüber liegt. Steigern Sie dann ganz langsam die Zeit, in der Sie üben. Rechnen Sie mit »Rückfällen«; sie sind normal und ein Zeichen dafür, dass Sie sich ein anspruchsvolles Ziel gewählt haben. Lassen Sie sich dadurch nicht entmutigen. Legen Sie sich für solche Fälle die gleiche Strategie zurecht, die wir unter »Die beste Strategie bei schlechten Noten« noch im Detail kennen lernen werden: Am nächsten Tag weiterüben.

5 Der gute Coach ist anschauliches Modell

Seien Sie offen zu Ihrem Kind und erklären Sie ihm, wie es Ihnen mit der Hausaufgabensituation geht. Sie können Folgendes sagen: »Du weißt, dass es mir während unseres Hausaufgabenmachens immer wieder schwerfällt, ruhig zu bleiben. Manchmal schimpfe ich mit dir oder schreie los, obwohl ich das gar nicht will. Hinterher tut es mir dann leid. Ich habe Angst, dass wir uns deshalb nicht mehr so gut vertragen. Das will ich nicht. Ich hab mir deshalb überlegt, dass ich, immer während du Hausaufgaben machst, auch etwas lernen will, nämlich innerlich ruhig zu bleiben. Ich hab mir hier einen Wecker gekauft, der mir dabei hilft. Den stell ich das nächste Mal auf fünf Minuten ein. Während dieser fünf Minuten will ich innerlich ruhig und entspannt bleiben. Ich habe mir hier einen Beobachtungsbogen vorbereitet. Darin trage ich ein, wenn ich es schaffe, aber auch, wenn ich trotz meines Vorsatzes mal laut reagiere. Schau her, ich zeige dir mal meinen Beobachtungsbogen.«

Wenn Sie selbst auf ein Ziel hinarbeiten, gehen Sie mit gutem Beispiel voran.

Am besten ist es, Sie erklären Ihrem Kind im Detail, wie Sie selbst bei Ihrem Training vorgehen. Damit zeigen Sie ihm, wie man richtig lernt. Die wichtigsten Schritte dabei sind:

- **Sie wählen sich ein Ziel**: Während der Hausaufgaben innerlich ruhig bleiben
- **Sie unterteilen es in Zwischenschritte**: Fünf Minuten ruhig bleiben
- **Sie analysieren, wenn nötig, für Sie schwierige Situationen**: »Ich will jetzt einmal in den nächsten zwei Wochen beobachten, bei welchen Gelegenheiten es mir besonders schwerfällt, innerlich ruhig zu bleiben. Deshalb habe ich mir hier ein Blatt Papier hingelegt, auf das ich alle für mich schwierigen Situationen sofort aufschreibe.«
- **Sie überlegen sich, wie Sie die herausfordernden Situationen bewältigen**: »Ich werde mit Patrick, meinem Partner, darüber nachdenken, wie ich in Zukunft ruhig bleibe, anstatt innerlich nervös zu werden.«
- **Sie registrieren selbst, ob und wie gut Sie Ihr Ziel erreichen**: Für Eltern auf dem Weg zum Lerncoach: Mein Beobachtungsbogen (S. 83 f.)
- **Sie ziehen an den erfolgreichen Tagen eine kurze Erfolgsbilanz**: An den Tagen, an denen ich mein Zwischenziel erreicht habe, ziehe ich kurz Bilanz und überlege: »Was war ausschlaggebend dafür, dass ich es heute geschafft habe?«
- **Sie loben sich selbst, wenn Sie es schaffen**: »Immer, wenn ich es geschafft habe, kreuze ich hier auf dem Beobachtungsbogen ein Smiley an. Hin und wieder spreche ich mit Patrick beim Abendessen darüber.«

Für die Eltern auf dem Weg zum Lerncoach: **Mein Beobachtungsbogen**

Bitte füllen Sie diese Seite täglich *nach* dem Lernen aus!

	Montag	Dienstag	Mittwoch	Donnerstag	Freitag

So fühle ich mich jetzt:	☺ ☺ ☹
	x
		☺ ☺ ☹
		  x
			☺ ☺ ☹
			    x
				☺ ☺ ☹
				x
					☺ ☺ ☹
					x

Ich habe mein Zwischenziel erreicht:	ja teils nein
	x
		ja teils nein
		    x
			ja teils nein
			          x
				ja teils nein
				x
					ja teils nein
					x

Ich habe mein Zwischenziel heute erreicht, weil:	Ich mich heute gut darauf eingestellt habe.			Ich mich gut aufs Abhören eingestellt habe	Entspannt blieb, obwohl Adrian einige Vokabeln nicht richtig gelernt hatte
Um es auch morgen zu erreichen, werde ich:	Mich wieder gut daraufeinstellen, indem ich mir sage: »Wie sich Adrian auch verhalten mag, ich bleibe erst mal entspannt.«			Mich morgen ebenfalls wieder gut aufs Abhören mental vorbereiten	Mir klar machen, dass Adrian besser lernen wird, wenn ich ruhig und entspannt bleibe.

Fortsetzung auf Seite 84

	Montag	Dienstag	Mittwoch	Donnerstag	Freitag
Ich habe mein Zwischenziel heute nicht oder noch nicht ganz erreicht, weil:		Ich mich doch darüber ärgerte, dass Adrian einige Vokabeln nicht gelernt hat.	Ich enttäuscht über Adrians schlechte Deutschnote war. Deshalb konnte ich nicht ruhig bleiben, als Adrian provozierte.		
Um es morgen zu erreichen, werde ich:		Mir klarmachen, dass Vokabeln-Lernen nicht Adrians Stärke ist.	Mir vor dem Abhören Zeit nehmen, um mich besser innerlich darauf einstellen zu können.		

- **Sie haben sich eine Strategie für besonders schwierige Situationen zurechtgelegt:** »Wenn ich spüre, dass ich nervös oder innerlich angespannt werde, dann atme ich ein paarmal tief durch oder mache eine kurze Pause, gehe in die Küche, trinke dort einen Schluck Wasser und entspanne mich. Wenn ich mich entspannt habe, komme ich wieder zu dir zurück.«
- **Sie haben sogar eine Strategie für die Fälle, in denen Sie Ihr Ziel einmal nicht erreichen:** »Heute lief es nicht so gut – das hake ich ab und übe morgen einfach weiter.«
- **Sie analysieren, falls nötig, warum Sie es nicht geschafft haben:** »Wenn ich mein Ziel innerhalb weniger Tage öfters nicht erreiche, dann überlege ich mit Patrick zusammen, was der Grund dafür sein könnte. Morgen erzähle ich dir, was ich herausgefunden habe. Wir wissen ja beide, dass man aus Fehlern vieles Wichtige lernen kann.«

Natürlich ist es sinnvoll, über die Ursachen von Misserfolgen nachzudenken und die nötigen Konsequenzen zu ziehen. Und beispielsweise ein zu hoch gestecktes Ziel neu anzupassen. Viele Menschen sind aber so einseitig auf diese Strategie fixiert, dass sie dabei ganz vergessen, ihre Erfolge zu analysieren. Also darüber nachzudenken, was den Ausschlag dafür gegeben hat, dass sie es an den guten Tagen geschafft haben.

Analysieren Sie in Zukunft mehr Ihre Erfolge. Statt sich lange darüber zu grämen, wenn es mal nicht ganz so gut geklappt hat.

→ *Tabelle für die »Eltern« auf S. 86f.*

Für die Eltern auf dem Weg zum Lerncoach: **Wie ich mich einstimme und vorbereite**

Wenn Sie die folgenden Punkte bearbeiten, steigern Sie Ihre Chancen, Ihr Lernziel zu erreichen.

Mentale Einstimmung:

Ich stimme mich innerlich auf mein Lernziel ein, indem ich mich entspanne, einige Male ruhig durchatme und zu mir sage: »Ich bleibe einfach entspannt, was auch geschieht.«

– Mein Lernziel: Ich bleibe ruhig, wenn ich Adrian Vokabeln abhöre.

Vorteile: Welche Vorteile es hat, wenn ich mein Lernziel erreiche:

– Adrian kann besser lernen.

– Unsere Beziehung wird entspannter.

– Ich lerne etwas Wichtiges für mein Leben.

– Ich muss nicht immer so streng sein und habe weniger Streit mit Adrian.

– Ich bin nach dem Lernen entspannter und muss mich nicht wie früher über mich ärgern, weil ich mich habe gehen lassen.

Mögliche Hindernisse: Welche Hindernisse es mir schwer machen könnten, mein Lernziel zu erreichen:

1. Adrian trödelt erst herum, statt zügig anzufangen.

2. Ich bin selbst unter Zeitdruck.

3. Adrian zeigt mit seinem Verhalten, dass er das Vokabeln-Abhören ätzend findet.

Meine Bewältigungsstrategien:

– Wenn Hindernis 1 auftritt, dann werde ich mit meinem Partner und Adrian ein Gespräch führen, in dem wir mit Adrian noch einmal über die Vorteile sprechen, die sich für ihn ergeben, wenn er gut und regelmäßig Vokabeln lernt.

– Wenn Hindernis 2 auftritt, dann werde ich mir die fürs Vokabeln-Lernen notwenige Zeit in meine Agenda eintragen.

– Wenn Hindernis 3 auftritt, dann werde ich das ignorieren und mir sagen: »Das ist eine Reaktion, die bei vielen Jugendlichen ganz normal ist. Bleib einfach entspannt.«

Meine Notfallstrategie:

Wenn ich spüre, dass ich beim Abhören der Englisch-Vokabeln trotz aller Vorbereitung nervös oder angespannt werde, dann sage ich mir: »Gut, dass ich das jetzt bemerke.« Dann gehe ich in die Küche, trinke einen kleinen Schluck Wasser und beruhige mich. Bevor ich in die Küche gehe, erkläre ich Adrian: »Ich spüre, dass ich jetzt nervös werde. Ich werde in die Küche gehen, einen Schluck Wasser trinken und zurückkommen, wenn ich mich wieder beruhigt habe. Bitte warte ein wenig. Danke.«

6 Der gute Coach hat realistische Erwartungen

Die 13-jährige Natalie will nicht mehr in die Schule gehen. Auf die Frage, was sie denn lieber tun wolle, sagt sie: »Schule ist langweilig, lieber lese ich Harry Potter.«

Anders die zwölfjährige Ramona. Begeistert kommt sie von der Schule und erzählt ihrer Mutter: »Heute haben wir etwas über die Einzeller gelernt.« Sie ist noch so begeistert, dass sie nicht ruhig bleiben oder über ein anderes Thema sprechen kann. Sie muss jetzt unbedingt ihrer Mutter wichtige Details über das Leben der Einzeller erzählen. Nach dem Mittagessen will sie sofort mehr über dieses interessante Thema wissen und beginnt sofort mit den Aufgaben. Aber nicht nur die Einzeller begeistern Ramona. Eigentlich findet sie alle Fächer interessant. Lesen, Schreiben, Rechnen, Turnen und alle anderen. Ein Glücksfall für alle Beteiligten. Für Ramona, ihre Eltern und ihre Lehrer. Ramona gilt als vorbildliche Schülerin.

Nicht alle haben es so leicht. Für manche Schüler ist die Schule Schwerstarbeit. Zum Beispiel:

- Für Natalie, die sich für die von der Schule angebotenen Themen nicht interessiert. Andere Themen findet sie viel interessanter.
- Für Kinder mit Lese- und Rechtschreibschwierigkeiten. Sie müssen sich wahnsinnig anstrengen, um beim Lesen und/ oder der Rechtschreibung auch nur einigermaßen mithalten zu können. Dauernd ist das Diktat voller Fehler, selbst wenn sie viel geübt haben.
- Für Kinder mit Mathematikschwierigkeiten. Die Fachleute sprechen von Dyskalkulie. Fast alles, was mit Mathematik zu tun hat, ist für diese Kinder schwer begreiflich.
- Für Kinder mit ADHS (Aufmerksamkeits-Defizit- und Hyperaktivitäts-Syndrom), das heißt für Kinder, denen es be-

sonders schwerfällt, ruhig zu bleiben, die oft schnell dazwischenrufen, die sich schlecht konzentrieren können und oft nur ein begrenztes Durchhaltevermögen besitzen. Viele dieser Kinder sind auch besonders schnell enttäuscht, wenn sie mit ihren Hausaufgaben nicht so vorankommen, wie sie sich das vorgestellt haben.

Das zeigt, was wir alle schon ahnen: Kinder sind sehr unterschiedlich, auch in allen schulisch relevanten Aspekten.

Berücksichtigen Sie diese Unterschiede. Für ein Kind mit Legasthenie kann schon das Abschreiben eines kleinen Textes sehr mühsam sein. Und trotz seiner Bemühungen finden sich sogar bei relativ leichten Aufgaben, wie bloßes Abschreiben, schon einige Fehler. Für ein Kind mit ADHS kann alles rund um die Hausaufgaben anstrengend sein. Und wie sich ein Kind fühlt, das sich für ein bestimmtes Schulfach nicht interessiert, erfahren Sie gleich im nächsten Kapitel.

> Je schwieriger die Hausaufgabensituation für Ihr Kind, desto überlegter sollten Ihre Erwartungen an Ihr Kind sein.

Im Sport verlangt ein Coach auch nicht von einem Anfänger, dass er gleich beim ersten Mal einen 10000-Meter-Lauf absolviert.

7 Der gute Coach spürt, wie sich der andere fühlt

Nehmen Sie sich jetzt bitte drei Minuten Zeit. Stellen Sie sich vor, Sie müssten etwas sehr Schwieriges und etwas, das Ihnen gar nicht liegt, lernen. Zum Beispiel in drei Monaten eine Physikprüfung ablegen. Bis dahin müssen Sie mehrere Physikbücher durcharbeiten.

Wie fühlen Sie sich bei dieser Vorstellung? Motiviert und energetisiert? Wollen Sie gleich Ihre Freundin anrufen, um ihr die freudige Nachricht zu überbringen? Oder wollen Sie gleich mit der Arbeit anfangen?

Vermutlich gar nichts von alldem. Außer Sie sind eine Physik-Liebhaberin. Ansonsten spüren Sie vielleicht schon ein unangenehmes Engegefühl auf der Brust oder einen Druck im Kopf, oder Sie fühlen sich leicht deprimiert oder überfordert. Alles Gefühle, die die Lust am Lernen nicht gerade fördern. Sondern behindern.

Wenn Sie sich jetzt noch vorstellen, dass morgen früh die ersten vier Physikstunden auf Sie warten und Sie am Nachmittag die Physik-Hausaufgaben machen müssen, dann kommen Sie mit Ihrer Gefühlslage in die Nähe der Gefühlswelt eines Kindes, das nicht gern lernt.

Der Tag, an dem Sie mit den Physik-Hausaufgaben beginnen sollen, ist gekommen. Es ist 14:30 Uhr. Sie sollen anfangen. Fallen Ihnen jetzt nicht plötzlich tausend Dinge ein, die Sie stattdessen tun könnten? Wie zum Beispiel einen Spaziergang machen, die Freundin anrufen, eine interessante Aufgabe erledigen, ein spannendes Buch lesen. Und viele Menschen würden in dieser Situation sogar unangenehme Dinge vorziehen, die sie sonst gar nicht gerne tun, wie zum Beispiel Schuhe putzen, bügeln oder die Wohnung aufräumen. Nur um der lästigen Physik-Hausaufgabe ausweichen zu können.

Und das geht Kevin genauso. Tausend Dinge sind für ihn interessanter als Hausaufgaben machen. Draußen spielen, TV, Internet, Handy, Comic lesen, Baden gehen usw.

Dennoch führt kein Weg daran vorbei, dass er seine Hausaufgaben macht und lernt. Und Sie bestehen darauf.

8 Der gute Coach ermutigt und unterstützt

Am Physikunterricht und dem Durcharbeiten der Physikbücher führt jetzt aber für Sie kein Weg mehr vorbei. Sie haben aber Glück im Unglück, weil Ihnen Ihre Freundin gerne helfen möchte. Sie kennt sich sogar ein wenig mit Physik aus. Welche Form der Unterstützung wünschen Sie sich? Und wie sollte sie nicht reagieren?

Vermutlich wünschen Sie sich einen Coach, der selbst innerlich ausgeglichen ist. Und höflich und verständnisvoll mit Ihnen spricht. Der an Sie glaubt und davon überzeugt ist, dass Sie weiterkommen können, wenn Sie etwas dafür tun. Und der Sie als Mensch akzeptiert und schätzt, gerade dann, wenn Ihnen wieder einmal ein dummer Fehler unterlaufen sein sollte. Oder Ihnen immer noch nicht klar ist, was das Gravitationsgesetz genau besagt.

Die Fachleute sprechen vom Aufbau einer positiven Lernatmosphäre.

Nicht dass Sie meinen, Sie müssten jetzt gleich der perfekte Lerncoach sein. Das ist nicht nötig. Hier geht es vor allem darum, dass Sie sich innerlich auf die emotionale Befindlichkeit Ihres Kindes einstimmen.

9 Coaching in schwierigen Situationen

Immer wieder sind Schüler mit Lernen, Schule und Hausaufgaben überfordert. Dann braucht es eine besonders enge Führung durch die Eltern. Viele Kinder wehren sich dagegen. Damit ist ein weiterer Konflikt vorprogrammiert. Das wollen Sie nicht.

Was tun?

Sie könnten Folgendes sagen: »Kannst du dich noch daran erinnern, dass wir in den letzten Wochen immer wieder Streit hatten, wenn ich die Hausaufgaben nachsehen wollte und du mir deine Aufgaben nicht zeigen wolltest? Es kam auch vor, dass du sagtest, du habest alle Aufgaben erledigt, was aber nicht stimmte. Deshalb wollen wir für die nächsten vier Wochen täglich nachsehen, ob du deine Hausaufgaben gemacht hast. Wir möchten auch einmal pro Woche mit deinem Lehrer Kontakt aufnehmen und ihn fragen, wie es mit den Hausaufgaben klappt.«

Die Eltern des 16-jährigen Philipp hatten ihm schon viele Angebote gemacht, sein Lernen zu verbessern – aber alles hat nichts genützt. Jetzt orientiert Philipps Lehrer sie darüber, dass er immer wieder ohne erledigte Hausaufgaben in die Schule kommt. Frau und Herr Keller vereinbaren mit Philipp ein Gespräch und schlagen ihm folgende Alternativen vor: »Sicher ist es dir lästig und mir ja auch, wenn wir täglich überprüfen, ob du deine Aufgaben gemacht hast. Deshalb wollen wir dir ein letztes Mal eine Chance geben. Du bist für deine Hausaufgaben selbst verantwortlich, aber wir fragen einmal die Woche deinen Lehrer, ob das klappt. Wenn es aber in den nächsten vier Wochen einmal nicht klappt, dann werden wir überlegen, welche Schritte wir dann unternehmen.«

Konsequenzen

Nachdem Frau und Herr Keller dies mit Philipp geklärt haben, fährt Frau Keller fort: »Wir möchten jetzt mit dir darüber reden, welche Konsequenzen es hat, wenn du deine Aufgaben nicht vollständig gemacht hast. Was denkst du, soll dann geschehen? Was bist du bereit, dann selbst an Konsequenzen auf dich zu nehmen?«

Natürlich fällt Philipp dazu nichts ein. Frau Keller sagt: »Was ist dir lieber: Sollen wir selbst die Konsequenzen festlegen, oder willst du noch bis nach dem Abendessen darüber nachdenken?«

Wenn es um Konsequenzen geht, ist es sinnvoll, die Kinder einzubeziehen.

Das erhöht die Chancen, dass sie sie auch einhalten. Dann müssen Sie als Eltern weniger dazutun.

Schriftliche Vereinbarung

Am Schluss fasst Herr Keller die wichtigsten Ergebnisse dieses Gesprächs in einer schriftlichen Vereinbarung zusammen. Er legt sie Philipp vor und fragt: »Ist aus deiner Sicht alles korrekt?« Dann unterschreibt jeder.

Mit einer schriftlichen Vereinbarung handeln Sie transparent und demonstrieren gleichzeitig Ihre Entschlossenheit.

Die Dynamik schwieriger Lernsituationen

Eine verfahrene Lernsituation birgt zwei schwerwiegende Risiken:

- Die Eltern sehen nur noch eins, nämlich das Problem. Das wiederum befeuert negative Emotionen wie Ärger oder Wut auf das Kind. In diesem Klima sind konstruktive Verhandlungen, die das Kind zur Mitarbeit motivieren sollen, nicht möglich. Meist münden solche Gespräche in Vorwürfe, Anklagen, Konflikte oder Machtkämpfe. Diese wiederum treiben das Kind in Opposition zu seinen Eltern. Es verweigert in der Folge immer mehr die Mitarbeit in der Schule und die Zusammenarbeit mit den Eltern.

- Sie spaltet die Eltern. Ein Elternteil plädiert für ein besonders strenges Vorgehen gegenüber dem Kind, zum Beispiel Streichen von TV, Computer oder Hobbys. Im Gespräch mit dem Kind verhält sich dieser Elternteil vorwurfsvoll und eher autoritär. Der andere Elternteil hingegen plädiert für eine nachgiebigere Haltung. Er befürchtet, dass ein zu strenges Vorgehen mehr Schaden als Nutzen anrichten könnte.

Unter diesen Vorzeichen bringt ein Gespräch mit dem Kind kein positives Ergebnis. In diesem Fall kann die Einbeziehung von externen Fachleuten, wie Beratungslehrer oder schulpsychologischer Dienst den Eltern dabei helfen, Abstand zu gewinnen, ihre Sichtweise zu reflektieren und über konstruktive Lösungsmöglichkeiten nachzudenken.

Gerade in schwierigen Situationen auf Schritte in die richtige Richtung achten

Je schwieriger eine Lernsituation ist, desto wichtiger ist es, dass die Eltern Schritte ihres Kindes in die richtige Richtung sehr aufmerksam beobachten und herausstreichen. Das ist nicht einfach, wenn das Kind alles falsch zu machen scheint. Damit ändert sich aber der Blickwinkel der Eltern. Weg vom Problem und hin zur Lösung. Diese Sicht brauchen Eltern, um emotional belastende Situationen konstruktiv angehen zu können. Auch wenn das »Kind« schon 16 Jahre alt ist.

Je belastender ein Lern- oder Schulkonflikt ist, umso wichtiger ist der Blick auf Schritte des Kindes in die richtige Richtung.

Und wenn Philipp seine Aufgaben immer noch nicht macht? Dann ist es am besten, wenn sich seine Eltern an einen schulpsychologischen Dienst oder den Beratungslehrer der Schule wenden. Eventuell muss dabei auch abgeklärt werden, ob Philipp in der Lage ist, die schulischen Anforderungen auch tatsächlich zu bewältigen, oder ob er gezielte Unterstützung braucht, um vorhandene Lernlücken aufzuarbeiten.

Tipps für schwierige Gespräche über Hausaufgaben und Lernen

- Bereiten Sie sich emotional auf das Gespräch vor. Machen Sie sich klar, dass Sie Ihrem Kind helfen wollen und dass Sie ruhig und höflich mit Ihrem Kind sprechen werden.
- Bereiten Sie sich inhaltlich auf das Gespräch mit Ihrem Kind vor. Überlegen Sie sich, was Ihre Minimalanforderungen sein werden. Zum Beispiel, dass Sie auf alle Fälle die nächsten vier Wochen täglich überprüfen, ob Ihr Kind alle seine Hausaufgaben gemacht hat, dass Sie Kontakt aufnehmen mit dem Lehrer usw. Sie sind gut vorbereitet, wenn Sie spüren, »wir ziehen an einem Strang«.
- An einem solchen Gespräch sollten unbedingt beide Eltern teilnehmen.
- Schaffen Sie einen angenehmen und möglichst entspannten Gesprächsrahmen.
- Fragen Sie Ihr Kind, was es davon hat, wenn es wieder lernt und seine Aufgaben macht. Lassen Sie seine Antworten aufschreiben.
- Halten Sie die Vereinbarung zwischen Ihnen und Ihrem Kind schriftlich fest und zwar so, dass daraus keine Missverständnisse entstehen können.
- Versuchen Sie eine Vereinbarung zu finden, die *jedem* ge-

wisse Verpflichtungen auferlegt – auch Ihnen. Verpflichtungen Ihrerseits könnten sein: Ruhig bleiben und höflich sprechen; auf das achten, was Ihr Kind gut gemacht hat und ihm das als Erstes zurückmelden.

- Überlegen Sie, ob und welche Konsequenzen Sie einfordern. Beteiligen Sie dabei aber Ihr Kind. Am besten ist es, wenn es selbst Konsequenzen aufstellt, die für den Fall gelten, dass es sich nicht an die zwischen Ihnen getroffene Vereinbarung hält.

- Vater, Mutter und Kind unterschreiben die Vereinbarung.

- Legen Sie einen Termin fest, an dem Sie überprüfen, wie gut die Vereinbarung eingehalten wurde. Der erste Termin sollte innerhalb von einer Woche erfolgen.

- Begrenzen Sie jede Vereinbarung zeitlich, beispielsweise auf vier Wochen. Längere Perioden sind für die Kinder nicht überschaubar und überfordern die meisten.

Kein Gespräch über Schule, Lernen und Hausaufgaben zwischen Tür und Angel.

Das Auswertungsgespräch

Im Auswertungsgespräch geht es nicht um Kritik, sondern um *Empowerment* für Ihr Kind. Ziel ist, die bereits von Ihrem Kind gemachten Fortschritte weiterzufördern.

Berücksichtigen Sie:

- **Bereiten Sie sich auf dieses Gespräch vor:** Finden Sie mindestens drei bis vier Punkte, die Ihr Kind gut gemacht hat. Wenn Ihnen das schwerfällt, dann vor allem deshalb, weil Ihre Erwartungen gegenüber Ihrem Kind sehr hoch, vielleicht sogar zu hoch sind. Überprüfen Sie, ob Ihre Erwartungen angemessen sind.

- **Schaffen Sie eine positive Atmosphäre:** Mit Lob fördern Sie eine positive Atmosphäre. Vermeiden Sie Vorwürfe und Kritik.

- **Fragen Sie Ihr Kind, wie es gegangen ist:** Lassen Sie zunächst Ihr Kind Bilanz ziehen. Fragen Sie: »Was meinst du, wie ist es gegangen?«

- **Hören Sie Ihrem Kind gut zu:** Wenn Ihr Kind die eigenen Fortschritte positiver beurteilt als Sie, dann halten Sie sich trotzdem erst einmal zurück, statt zu sagen: »Das stimmt doch gar nicht. Weißt du nicht mehr, dass du das vorgestern überhaupt nicht hingekriegt hast?« Schreiben Sie stattdessen die Aussagen Ihres Kindes auf. Lassen Sie sich dabei Zeit. Wiederholen Sie, was Ihr Kind sagt.

- **Konzentrieren Sie sich zunächst auf das, was Ihr Kind gut gemacht hat:** Wenn Ihr Kind sagt, »Ich hab meine Hausaufgaben gut gemacht«, dann denkt es vielleicht an den letzten Montag, als es einigermaßen geklappt hat. Sie denken aber an alle anderen Tage, an denen es gar nicht so gut geklappt hat. Was jetzt? Sie könnten sagen: »Ah ja, am Montag. Wie hast du das geschafft?«

- **Fragen Sie Ihr Kind, wie es sich noch weiter verbessern könnte:** Sie könnten zum Beispiel fragen: »Wo könntest du noch besser werden?« Statt: »Das hat immer noch nicht geklappt, obwohl wir schon so oft mit dir darüber geredet haben.« Wenn Ihr Kind einen Vorschlag macht, so greifen Sie ihn unbedingt auf. Sprechen Sie selbst dann mit Ihrem Kind darüber, wenn er Ihnen eigenartig oder gar abwegig erscheint. Fragen Sie als Erstes detailliert nach, was Ihr Kind genau meint. Schreiben Sie es auf. Lassen Sie es stehen.

- **Bieten Sie Ihrem Kind Hilfe an:** »Könnten wir dich noch besser unterstützen?« Es kann sinnvoll sein, wenn Sie einen oder zwei Vorschläge parat haben. Wenn Sie überzeugt davon sind, dass es ohne Ihre Verbesserungsvorschläge auf keinen Fall geht, Ihr Kind denen aber ablehnend gegenübersteht, dann könnten Sie eine Probephase vorschlagen: »Lass uns das doch mal eine Woche ausprobieren und dann weitersehen.«

- **Danken Sie am Schluss Ihrem Kind für seine Mitarbeit:** Berücksichtigen Sie, dass solche Gespräche für Ihr Kind nicht einfach sind. Denn Sie sprechen über Dinge, die verbessert werden sollen. Jede Vereinbarung wird von Ihrem Kind Kraft und Disziplin einfordern. Sie können sagen: »Vielen Dank, Frederik, dass du so gut mitgeholfen hast. Das hast du prima gemacht.« Bei jüngeren Kindern könnten Sie dann noch fünf Minuten gemeinsam etwas Angenehmes tun, zum Beispiel eine Lieblingsaktivität Ihres Kindes. Das hat den großen Vorteil, dass dieses Gespräch für Ihr Kind mit einem positiven Eindruck endet.

 Lassen Sie das Auswertungsgespräch in guter Stimmung für Ihr Kind ausklingen. Dann arbeitet Ihr Kind auch langfristig besser mit Ihnen zusammen.

Aber Philipp hat es wieder nicht geschafft, seine Hausaufgaben zu erledigen. Deshalb entscheiden sich Kellers dafür, sich an eine Schulberatung zu wenden, obwohl Philipp aufs Heftigste dagegen protestiert. Wenn Lernsituationen, wie bei Familie Keller, massiv verfahren sind, ist es sinnvoller, sich an Profis zu wenden, als abzuwarten und darauf zu hoffen, dass sich die Dinge doch noch zum Besseren wenden könnten.

Kapitel 7

Lernen und Hausaufgaben

Warum viele Schüler nicht gerne lernen

Können Sie sich noch an Ihre Kindheit und Jugend erinnern? Versuchen Sie es bitte. Gab es da nicht so viele spannende Dinge? Bei mir waren das: Sich mit Freunden treffen, mit dem Fahrrad herumfahren, lesen und die »Welt« kennenlernen. Natürlich gab es Partys, Diskotheken und das Experimentieren mit veränderten Bewusstseinszuständen. Natürlich gab es auch schon neue Medien. Das war damals der Fernseher, den wir nicht weniger interessant fanden als die Jugendlichen heute Internet und Handy. Er bot Zugang zu einer weiteren Dimension einer spannenden Welt.

Nur eins fehlt bei dieser Aufzählung: Lernen, Schule und Hausaufgaben. Das, worüber wir Erwachsenen uns den Kopf zerbrechen, war mir damals ziemlich unwichtig. Das heißt nicht, dass ich an der Schule gar nichts interessant fand. Aber nicht Lernen und Hausaufgaben machen. Sondern Freunde treffen.

Klar ist die Welt heute etwas anders. Aber die Grundproblematik bleibt ähnlich. Es gibt im Leben vieler Schüler, egal ob jung oder älter, unendlich viel interessantere Dinge als Lernen, Schule und Hausaufgaben.

Das ist für die Betroffenen ein erhebliches Problem. Sie sollen sich für das interessieren, was sie nicht wirklich spannend finden. Das, was sie hingegen wirklich begeistert, sollen sie stattdessen zurückstellen.

Natürlich ist auch für viele Erwachsene ihre Berufstätigkeit nicht wirklich das, mit dem sie am liebsten ihre Zeit verbringen. Auch das stellt für die Betroffenen eine schwierige Situation dar. Wie wir aus der Stressforschung wissen, sind Menschen unter diesen Umständen weniger belastbar und werden schneller krank, als wenn sie ihren Beruf interessant und spannend finden.

Einen gravierenden Unterschied gibt es zwischen der Tätigkeit von Schülern und Erwachsenen dann aber doch noch. Wir Erwachsenen werden für unsere Arbeit bezahlt. Wenn auch nicht immer gut. Trotzdem stellt das eine gewisse Motivation dar. Schüler hingegen bekommen gar nichts. Sie müssen versuchen, sich anders zu motivieren. Eine Herausforderung.

Es kostet viel Energie, sich für das zu motivieren, was einem nicht wirklich liegt.

Warum zu Hause lernen so schwierig ist

Einer der Gründe dafür, warum sich Schüler mit dem Lernen zu Hause und mit den Hausaufgaben schwertun, liegt darin begründet, dass diese Arbeiten nicht in der Schule, sondern zu Hause stattfinden. Mit zu Hause assoziieren Kinder aber nicht eine Berufstätigkeit, denn darum handelt es sich ja beim Schüler-Sein, sondern Mama, entspannen, loslassen, Familie, Freizeit und überwiegend das machen, wozu man gerade Lust und Laune hat. Eben all das, was im Leben angenehm und schön ist.

Dadurch, dass Schüler aber ihren Arbeitsplatz auch zu Hause haben, verwandelt sich dieser Freizeitort plötzlich in einen Arbeitsplatz. Die Grenze zwischen Freizeit und Arbeit verschwimmt. Die Arbeit schwappt in den Freizeitbereich des Kindes. So wie wenn Sie zu Hause Ihre Mailpost vom Büro bearbeiten oder im Urlaub permanent über Handy erreichbar sind. Das ist für Kinder eine verwirrende Situation, die es ihnen erschwert, das Lernen zu Hause ernstzunehmen.

Diese Situation wird für Kinder nicht einfacher, wenn Eltern ihre Zeit zu Hause ausschließlich der Erholung und Freizeit widmen, einmal abgesehen von der Hausarbeit. Bei einer Ein-Kind-Familie ist das Kind dann das einzige Familienmitglied, das zu Hause arbeitet.

Schließlich gibt es noch einen weiteren wesentlichen Unterschied zwischen dem Lernen in der Schule und dem Lernen zu Hause. Zu Hause gibt es keine Lehrerin. Das klingt banal – erhöht aber enorm die Anforderungen ans häusliche Lernen. In der Schule strukturiert die Lehrerin den gesamten Lernprozess. Sie erklärt, was gelernt werden soll, stellt dazu Fragen, gibt dazu Aufgaben. Die ganze Zeit über ist sie anwesend, kontrolliert, überprüft und strukturiert die Arbeit ihrer Schüler. Regeln schreiben vor, was ein Schüler tun darf und was nicht. Dieser Rahmen erleichtert dem Schüler das Lernen. Auch wenn dort natürlich immer noch genügend Anforderungen zu bewältigen sind.

Das Lernen zu Hause erfordert vor allem ein sehr hohes Maß an Selbstkontrolle und Selbstorganisation. Wenn ein Kind keine Lust zum Lernen hat, wenn es etwas nicht verstanden hat und deshalb frustriert ist oder wenn die Freundin anruft, muss es sich selbst steuern, um beim Lernen dranzubleiben. Es muss seine Impulse, jetzt einer ganz anderen, vielleicht entspannenderen oder interessanteren Tätigkeit nachzugehen, zurückdrängen. Und das weiter tun, was es gar nie tun würde, wenn es selbst entscheiden dürfte: Nämlich lernen. Das kostet viel Energie.

Ganz anders in der Schule. Dort übernimmt der Lehrer diese Funktion.

Was Sie tun können:

- Erklären Sie Ihrem Kind, dass es zwei Arbeitsplätze hat, einen in der Schule und einen zu Hause.

- Begrenzen Sie die häusliche Arbeitszeit Ihres Kindes. Am besten ist es, wenn Ihr Kind die täglichen Arbeitszeiten in seinen Hausaufgabenplan einträgt. In ihm soll enthalten sein, wann und wie lange Ihr Kind an welchen Wochentagen arbeitet. Lassen Sie Ihr Kind diese Zeiten auf seinem Stunden- oder Wochenarbeitsplan eintragen.

- Überlegen Sie, ob Ihr Kind auch am Samstag lernen soll. Klären Sie zunächst Ihre eigenen Erwartungen und sprechen Sie sich dann mit Ihrem Kind ab.

- Natürlich sollte dieser Plan auch unbedingt Zeiten für Freizeit und Muße enthalten – denn Ihr Kind muss genügend Zeit zur Regeneration haben. Es ist sinnvoll, diese Zeiten mit einer entsprechenden Farbe, z. B. grün, zu unterlegen. Dann sieht Ihr Kind mit einem Blick, dass alle grünen Felder Teil seiner Freizeit sind. In denen darf es tun, wozu es Lust hat.

- Lassen Sie Ihr Kind in diesen Plan auch die Zeiten für größere häusliche Verpflichtungen eintragen, wie beispielsweise Treppenhaus kehren.

- Rituale erleichtern den Übergang von der Freizeit zur Arbeit und umgekehrt. Wir Erwachsene erleben solche Rituale automatisch in unserem Alltag, oft sogar, ohne dass wir extra etwas dafür tun müssen, wie z. B., wenn wir morgens ins Büro gehen. Wir verlassen unsere Wohnung und der Weg zur Arbeit signalisiert uns, dass die Freizeitphase gleich vorbei sein wird und eine neue Phase beginnt. Solche automatischen Rituale, die der inneren Einstimmung dienen, fehlen, wenn der Arbeitsplatz zu Hause ist. Ihr Kind profitiert von einem Ritual, das es auf die häusliche Arbeitsphase einstimmt. Das kann beispielsweise ein Klingelton sein, der es daran erinnert, »in drei Minuten beginnt meine Arbeit«. Auch das routinemäßige Einrichten des Arbeitsplatzes, zum Beispiel des Schreibtisches, ist ein solches Ritual. Natürlich ist es sinnvoll, diesen Arbeitsplatz freundlich zu gestalten. Wir Erwachsene wollen ja auch nicht in einem heruntergekommenen Büro arbeiten. Das kann z. B. ein entsprechendes Schmusetier sein, das Ihr Kind auf seinen Schreibtisch setzt oder ein Glas Wasser, das es sich bereitstellt. Wichtig ist, dass Ihr Kind seinen Arbeitsplatz zweckmäßig einrichtet, und alle Materialien vorbereitet, die es braucht.

- Gehen Sie mit gutem Beispiel voran. Lernen Sie regelmäßig zu Hause. Wenn Sie beispielsweise eine Fremdsprache lernen, halten Sie sich an die hier gemachten Hinweise. Tragen Sie Ihre Lernzeiten in einen Wochenplan ein und richten Sie sich zu Beginn Ihren Arbeitsplatz ein. Legen Sie fest, wann Sie genau was lernen werden, zum Beispiel Vokabeln, Grammatik, die letzte Lektion wiederholen und tragen Sie dies in Ihrem Wochenplan ein. Tragen Sie dort auch ein, ob Sie Ihr Ziel erreicht haben. Hängen Sie Ihren Plan so in der Wohnung auf, dass er auch Ihrem Kind zugänglich ist. Damit sind Sie Vorbild für Ihr Kind. Sie zeigen ihm damit en passant, wie man lernt.

Je mehr ein Kind begreift, dass es auch zu Hause einen Arbeitsplatz hat, desto leichter wird es, zu Hause zu lernen.

Wie Kinder en passant das Lernen lernen

Es ist ein Unterschied, ob Eltern zu ihrem Kind sagen, »Lernen ist wichtig« – und selbst nicht lernen. Oder ob sie sagen, »Lernen ist wichtig« und gleichzeitig selbst regelmäßig lernen, lesen, einen Vortrag ausarbeiten, sich für ihren Beruf weiterbilden usw. Indem Eltern selbst lernen, werten sie Lernen, Schule und Hausaufgaben gegenüber ihrem Kind auf. Ohne dass sie das besonders betonen müssten. Das Kind »liest« das Verhalten seiner lernenden Eltern so: »Wenn meine Eltern so engagiert lernen, dann muss Lernen etwas Wichtiges sein. Andernfalls würden sie das nicht so ernst nehmen.«

 Eigenes Lernen der Eltern ist eine der stärksten Botschaften über die Bedeutung von Lernen ans Kind.

Natürlich beobachten Kinder ihre Eltern auch beim Lernen. Und erfahren so Wichtiges darüber, wie man lernt.

Was Kinder lernen, wenn sie ihre Eltern beim Lernen beobachten

Herr Liebert erklärt: »Natürlich lerne ich zu Hause.« Einige Zeit später sagt er beim Abendessen: »Ich bin in vier Wochen mal wieder mit einem Vortrag dran. Diesmal kommt sogar unser neuer Direktor. Da will ich natürlich keinen schlechten Eindruck machen. Diesmal fang ich rechtzeitig mit der Vorbereitung an, und zwar schon morgen.«

Als er am nächsten Tag, einem heißen Sommerabend, nach Hause kommt, fällt ihm ein, dass es eigentlich im Garten noch allerhand zu tun gäbe – und er verschiebt seine Vorbereitung. Ähnlich am nächsten Tag. So vergeht Tag um Tag und der Termin rückt immer näher. Auf den letzten Drücker setzt er sich hin und arbeitet zwei Nächte durch. Am Morgen vor dem Vortrag ist er nervös und angespannt. Innere Zweifel, ob er auch wirklich gut vorbereitet ist, setzen ihm zu.

Wenn Kinder ihre Eltern beim Lernen beobachten, denken sie, dass Lernen das ist, was ihre Eltern beim Lernen tun.

> Wenn Sie zu Hause lernen, dann beachten Sie, dass Sie damit Ihrem Kind demonstrieren, wie *man lernt.*

Natürlich ermahnt Herr Liebert seinen 14-Jährigen, ordentlich zu lernen, wenn der mal wieder keine Lust dazu hat. Aber welche Wirkung hat das auf Jesse? Unbewusst fragt der sich doch: »Warum muss ich eigentlich regelmäßig lernen, wenn Papa das auch nicht macht?«

Die beste Strategie bei schlechten Noten

Eine der wichtigsten Studien über die Bedeutung von Anstrengung und Lernen stammt von der amerikanischen Psychologin Shelley Taylor. Sie arbeitete mit Schülern, die ihre Lern- und Arbeitshaltung verbessern wollten. Dazu bildete sie drei Gruppen:

- Gruppe eins, die Visionengruppe, sollte sich jeden Tag fünf Minuten lang vorstellen, wie schön es sein wird, wenn sie ihre Vision, sehr gute Prüfungen zu schreiben, erreicht hat. Ihre Eltern und ihre Lehrer würden sich freuen, und sie könnten stolz auf sich sein.
- Mit den Schülern der zweiten Gruppe besprach sie zunächst, welche Hindernisse sie vom Lernen abhalten könnten, wie z.B. keine Lust zum Lernen, Frustration nach einer schlechten Note, eine interessante TV-Sendung oder im Internet surfen, Ärger mit der Freundin usw.
Dann besprach sie mit ihnen Fragen wie: »Du willst gerade mit Lernen anfangen, als dein Freund klingelt, um dich zum Spielen abzuholen. Wie reagierst du?« Oder: »Stell dir vor, dass du heute gar keine Lust zum Lernen hast, was dann?«

Oder: »Stell dir vor, du sitzt an deinen Hausaufgaben. Jetzt kommt eine Aufgabe – du verstehst aber nicht, was du tun sollst, oder du meinst, dass du die Aufgabe nicht lösen kannst – wie reagierst du?« Natürlich mussten die Schüler selbst eigene Antworten auf diese Fragen suchen. Dabei sollten sie ihr Vorgehen so konkret wie möglich beschreiben. Taylor selbst gab keine Hinweise, was die Schüler tun könnten. Die Idee dahinter ist, dass die Schüler die von ihnen selbst gefundenen Lösungen eher umsetzen, als wenn ihnen Taylor gesagt hätte, was sie hätten tun sollen.

Schließlich führte sie mit diesen Schülern ein Vorstellungstraining durch. Das ist eine Art Mentaltraining, wie wir es vom Sport, zum Beispiel bei Skirennläufern, kennen. Diese »fahren ihr Rennen zunächst im Kopf«, also in ihrer Vorstellung und dann erst »in echt«. Dabei stellen sie sich exakt vor, wie sie alle auftretenden Passagen gekonnt meistern. Ähnlich trainierten die Schüler. Sie stellten sich »im Kopf« vor, wie sie eine schwierige Situation, in diesem Fall mit den Hausaufgaben anfangen oder dranbleiben, erfolgreich bewältigen. Oder, wie sie, obwohl sie keine Lust aufs Lernen haben, sich hinsetzen, ihr Hausaufgabenheft aufschlagen, durchsehen, was sie genau aufhaben, eine Liste der zu erledigenden Aufgaben erstellen, mit der leichtesten anfangen, und sich nach dieser ersten Aufgabe vielleicht kurz mit »das hab ich ja schon geschafft« selbst belohnen und so Schritt für Schritt an ihr Ziel gelangen.

- Die dritte Gruppe erhielt kein Training.

Natürlich schnitten die Schüler der zweiten Gruppe am besten ab. Sie waren sogar auf schlechte Noten vorbereitet. Ihre Strategie: »Bei schlechten Noten lerne ich einfach weiter.« Deshalb wurden sie besser.

> Klagen Sie weniger über die Missstände von Schule, Lernen oder Lehrern. Sondern sprechen Sie mit Ihrem Kind darüber, wie es diese Hindernisse überwindet.

Da konnten die Schüler der Visionengruppe nicht mehr mithalten. Nachdem sie die Realität in Form schlechter Noten bald eingeholt hatte, war ihr Lerneifer, wie ein Strohfeuer, bald erloschen. Frustriert gaben die meisten auf.

> Die beste Strategie bei schlechten Noten: Einfach weiterlernen. Ermutigen Sie Ihr Kind dazu.

Hausaufgaben

Welche Fülle an Entwicklungspotential die Hausaufgabensituation in sich trägt, erkennen wir am besten, wenn wir, so wie die Hausaufgabenforscher, drei Phasen unterscheiden. Und zwar *vor, während* und *nach* den Hausaufgaben. Jede einzelne Phase eröffnet Ihnen unterschiedliche Wege, Ihrem Kind gezielten Support zu geben.

1 Wie Sie Ihr Kind *vor* dem Lernen am besten coachen

Kein Schüler startet sozusagen neutral mit seinen Hausaufgaben. Sondern mit einer Geschichte, die seine in der Vergangenheit gesammelten Erfahrungen mit dem Hausaufgaben-Machen enthält. Je nachdem, ob er früher die Hausaufgaben überwiegend mit einem guten Gefühl beendet hat, also z.B. »ich hab es gut gekonnt« oder mit einem schlechten Gefühl

»ich hab es wieder nicht geschafft«, startet ein Schüler völlig unterschiedlich.

Und wie startet Ihr Kind? Überlegen Sie sich, wie sich Ihr Kind wohl fühlt, wenn es mit seinen Hausaufgaben anfängt.

Schüler mit Lernproblemen

- starten eher pessimistisch
- geben in Phase zwei, beim Bearbeiten der Hausaufgaben, bei auftretenden Schwierigkeiten schnell auf
- beenden dann ihre Hausaufgaben enttäuscht und frustriert
- und starten beim nächsten Mal mit einem unguten Gefühl.

Präventiv handeln – Hausaufgabenzeiten im Voraus gemeinsam vereinbaren

In tausenden Familien hört man täglich Mütter gut gemeint sagen: »Wann fängst du endlich mit den Hausaufgaben an? Du willst doch später noch ins Fußball-Training.«

Warum ist diese Aussage nicht ganz so günstig?

- Sie beinhaltet einen Vorwurf. Das löst beim Kind Irritation aus.
- Das Kind könnte das als Einmischung erleben und schon allein deshalb ablehnend reagieren.
- Die Mutter wirkt gereizt und hilflos. Sie scheint selbst wenig davon überzeugt zu sein, dass ihr Kind tatsächlich bald mit seinen Hausaufgaben anfängt. Das verstärkt das problematische Verhalten ihres Kindes. Das Kind spürt, dass es Oberwasser bekommt. Es will als Nächstes wissen, wie weit es gehen kann. Selbst wenn seine nächste Antwort »sofort« ist, denkt es nicht daran, sofort anzufangen.

Am besten ist es, wenn es schon gar nicht zu solchen Problemen kommt, weil Sie präventiv handeln. Dazu haben Sie folgende Möglichkeiten:

Besprechen Sie gleich zu Beginn eines neuen Schuljahres mit Ihrem Kind:

- Wann es mit seinen Hausaufgaben beginnt – und zwar konkret für jeden Werktag. Lassen Sie Ihr Kind dabei mitentscheiden, ob es lieber um 16:30 Uhr anfängt oder bereits um 14:00 Uhr.

- Legen Sie eine Deadline fest, bis wann die Hausaufgaben spätestens fertig sein müssen, zum Beispiel um 18:30 Uhr. Berücksichtigen Sie dabei die allgemein empfohlene Hausaufgaben-Bearbeitungszeit: In der ersten und zweiten Klasse etwa 30 Minuten, in der dritten und vierten etwa 60 Minuten, in der fünften und sechsten etwa 90 Minuten und ab der siebten Klasse circa 120 Minuten. Natürlich können Sie auch den Lehrer Ihres Kindes fragen, was er für eine angemessene Hausaufgaben-Bearbeitungszeit hält.

- Lassen Sie Ihr Kind diese Zeiten in seinen Stundenplan eintragen.

- Besprechen Sie mit Ihrem Kind, ob es wünscht, dass Sie es fünf Minuten vor Beginn der Hausaufgaben mit einem Wecker an den baldigen Hausaufgabenstart erinnern. Das Wecker-Signal hat einen sehr großen Vorteil: Nicht Sie müssen Ihr Kind erinnern – das übernimmt der Wecker für Sie. Kaufen Sie zusammen mit Ihrem Kind diesen Wecker.

Noch besser ist es, Sie vereinbaren, dass Ihr Kind den Wecker selbst stellt, zum Beispiel direkt nach dem Mittagessen. Besprechen Sie mit Ihrem Kind, was geschehen soll, falls es das einmal vergisst. Sie könnten vereinbaren, dass in diesem Fall Sie den Wecker stellen.

Besprechen Sie mit Ihrem Kind, was geschieht, wenn es trotz Wecker nicht pünktlich beginnt. Stellen Sie sich vor, Sie haben gemeinsam vereinbart, dass Ihr Kind um 14:00 Uhr mit seinen Hausaufgaben anfängt. Um 14:15 Uhr hat es noch immer nichts gemacht. Wie reagieren Sie? Erinnern Sie Ihr Kind jetzt noch einmal an seine Hausaufgaben? Klopfen Sie an seine Zimmertür? Alles naheliegend, aber eher nicht so günstig. Warum? Weil dann Sie es sind, die die Verantwortung für die Hausaufgaben Ihres Kindes übernimmt. Warum soll sich Ihr Kind nach dem Wecker richten, wenn Sie dann doch noch mal rufen und erinnern. Aber was tun? Einfach nichts. In diesem Fall sollten Sie aber vorher mit Ihrem Kind vereinbart haben, welche Konsequenzen das nach sich zieht. Stellen Sie sich vor, Ihr Kind hat mit einer Stunde Verspätung mit seinen Hausaufgaben angefangen. Zur vereinbarten Deadline ist es deshalb nicht fertig. Jetzt bestehen Sie natürlich darauf, dass Ihr Kind mit seinen Hausaufgaben aufhört. Auch wenn sich Ihr Kind dagegen wehrt. Dann machen Sie einen Vermerk in das Aufgabenheft Ihres Kindes: »Yannik hat einen Teil seiner Aufgaben nicht erledigt.« Oder Sie rufen den Lehrer an. Der muss dann eine Maßnahme ergreifen. Ihr Kind lernt, dass es Ihnen mit Ihren Vereinbarungen ernst ist.

Natürlich ist das für Yannik nicht angenehm. Das muss es auch gar nicht sein.

 Am erfolgreichsten bearbeiten Sie Hausaufgaben- und Lernprobleme präventiv – bevor sie auftreten.

Zeigen Sie Ihrem Kind, wie es sich eine günstige Lernumgebung schafft

Eine günstige Lernumgebung besteht aus einem störungsfreien Umfeld.

Was noch sinnvoll ist:

- Am besten ist es, wenn Ihr Kind immer am selben Platz lernt. Damit schafft es eine Verbindung zwischen diesem speziellen Ort und dem Lernen.
- Ihr Kind hängt an seiner Tür ein Plakat auf: Ich bin am Lernen – bitte nicht stören! Danke!

  Am besten ist es, wenn sich Ihr Kind sein eigenes »Bin-am-Lernen-Plakat« gestaltet. Je positiver und lustbetonter der Charakter dieses Plakats ist, desto besser. Denn damit kennzeichnet Ihr Kind sein eigenes Lernen als etwas Positives.

- Es räumt seinen Schreibtisch, beziehungsweise Arbeitsplatz, auf.

  Die Vorteile sind:

  – Ihr Kind wird nicht abgelenkt.

  – Es muss nicht lange nach den für die Arbeit nötigen Unterlagen suchen.

- Es schaltet Handy und andere Störquellen ab.

  Der Vorteil ist: Ihr Kind wird nicht abgelenkt. Vor allem bei schwierigen oder langweiligen Aufgaben finden viele eine Ablenkung nicht störend, sondern sogar willkommen. Dann ziehen sich die Hausaufgaben immer mehr in die Länge. Parallel dazu nimmt die Energie Ihres Kindes, seine Aufgaben zu bearbeiten, rapide ab.

- Es bereitet sein Material vor, das es für seine Hausaufgaben braucht.

  Die Vorteile sind:

  – Es wird nicht unnötig in seinem Arbeitsfluss unterbrochen, weil es zwischendrin umständlich benötigte Unterlagen suchen muss.

  – Es hat alles, was es braucht, schnell bei der Hand.

Routinen helfen Ihrem Kind dabei, sich selbst zu strukturieren – das gilt übrigens auch für uns Erwachsene.

Natürlich braucht Ihr Kind, selbst wenn es im Jugendalter ist, eine Erinnerungshilfe, weil es sonst diese vorbereitenden Schritte schnell wieder vergisst. Am einfachsten ist es, wenn sich Ihr Kind die einzelnen Schritte notiert und den Zettel gut sichtbar auf seinem Schreibtisch aufklebt. Der Zettel – nicht Sie – erinnert es dann jedes Mal daran, selbst für eine gute Lernumgebung zu sorgen.

Ein Erstklässler kann sich diese Schritte natürlich nicht notieren. Am einfachsten ist es dann, wenn sich Ihr Kind mit Ihrer Unterstützung einen Merkzettel macht, auf dem es in Form kleiner Bilder oder Symbole die einzelnen Schritte darstellt. Diese Erinnerungshilfe klebt es dann auf seinen Schreibtisch.

Damit ist es noch nicht getan. Natürlich braucht Ihr Kind Ihre Unterstützung, wenn es damit beginnt, diese Dinge einzuüben. Loben Sie dann Ihr Kind, denn aus freien Stücken würde es sich nicht um eine gute Lernumgebung kümmern.

Beachten Sie, dass viele jüngere, aber auch viele ältere Schüler die Vorteile einer guten Lernumgebung nicht einsehen. Das ist nicht überraschend und noch kein Anlass zur Beunruhigung. Es ist trotzdem von Vorteil, wenn sich Ihr Kind regelmäßig darum kümmert. Mit der Zeit geht das in Fleisch und Blut über.

Und später, wenn Ihr Kind eine höhere Bildung einschlägt, profitiert es von den Lernroutinen, die es jetzt lernt.

 Es geht nicht darum, dass Sie überwachen, ob Ihr Kind diese Schritte immer exakt einhält. Sondern das Ziel ist, dass Ihr Kind diese Dinge selbst in die Hand nimmt.

Präventiv handeln – wie Sie Ihr Kind um Hilfe bittet

Der zwölfjährige Frederik sitzt an seinen Hausaufgaben. Da kommt seine Mutter vorbei, um zu sehen, was er arbeitet. Prompt entdeckt sie einen Fehler. Weil sie Frederik helfen möchte, macht sie ihn sogleich mit den Worten, »Aber Frederik, siehst du nicht, das stimmt doch gar nicht!« auf den Fehler aufmerksam. Sie hat noch nicht ihren Satz beendet, da springt Frederik auf, läuft raus und schreit: »Dann mach ich gar nichts mehr.« Verständnislos bleibt Frau Sommer zurück. Sie hatte doch nur helfen wollen.

Diese Szene ist Hausaufgabenalltag. Gut gemeint will die Mutter helfen und macht ihr Kind auf einen Fehler aufmerksam. Das Kind hält aber nichts davon und wehrt sich.

Warum?

Die Hauptgründe sind:

- Frederik ist enttäuscht, weil schon wieder etwas falsch ist.
- Frederik erlebt das Verhalten seiner Mutter als Einmischung.

Das Ich-möchte-Hilfe-Ritual

Sprechen Sie sich mit Ihrem Kind ab, wie Sie helfen. Die beste Möglichkeit ist, dass nicht Sie zu Ihrem Kind hingehen, um nachzusehen oder zu kontrollieren, was es macht, sondern, dass Ihr Kind Sie herbeiruft. Dazu eignet sich besonders das »Ich-möchte-Hilfe-Ritual«, wie zum Beispiel, dass Ihr Kind klingelt, wenn es Sie braucht.

Wenn Sie mit diesem Ritual arbeiten, müssen Sie nur abwarten, bis Ihr Kind klingelt. Dann haben Sie die Gewissheit, dass Ihr Kind jetzt auch wirklich Hilfe will. Und nicht Ihre Hilfe als Einmischung versteht.

Wie Kinder lernen, ihre Hausaufgaben selbst zu kontrollieren

Wörterdiktat. Jonathan muss 25 Wörter schreiben. Zunächst hat er 10 Fehler. Durch gutes Korrigieren kann er 5 Fehler selbst ausbessern. Damit ist es ihm gelungen, seine Fehlerquote um sagenhafte 50 Prozent zu reduzieren. Und natürlich hat das sehr positive Auswirkungen auf seine Diktatnote. Vielleicht meinen Sie jetzt, dass Jonathan mindestens 15 Jahre alt ist, wenn er sein Wörterdiktat selbst so gut kontrollieren kann. Das ist aber nicht der Fall. Er besucht erst die zweite Klasse.

Gute Selbstkontroll-Strategien erhöhen die Chance, dass ein Kind sein Potential auch wirklich ausschöpft.

Und sich nicht durch Leichtsinnsfehler selbst behindert.

Die gute Botschaft: Schon in den ersten Klassen können Kinder wirksame Kontrollstrategien eintrainieren. Das braucht natürlich Zeit und Übung.

Bei Roberta liefen die Dinge nicht so gut. Nachdem sie bereits zum dritten Mal mit einer schlechten Note nach Hause kam, war für ihre Eltern klar, dass es so nicht weitergehen könne. Sie beschlossen, ab sofort die Zügel anzuziehen und Robertas Hausaufgabensituation eng zu überwachen. »In Zukunft«, so Herr Bastian, »zeigst du mir jeden Abend alle deine Hausaufgaben.« Seither sitzt er jeden Abend mit Roberta zusammen, um zu überprüfen, ob und wie sie ihre Hausaufgaben erledigt hat. Regelmäßig findet er dabei Fehler, die Roberta dann sofort korrigieren muss.

Das ist gut gemeint aber ungünstig, weil

- bei Roberta der Eindruck entsteht, es nicht selbst zu können, denn sonst würde ja ihr Vater nicht alles kontrollieren

- sie die Kontrolle ihrer Hausaufgaben immer mehr an ihren Vater abgibt, der sie seinerseits immer stärker übernimmt
- sich allmählich immer größere Konflikte zwischen Herrn Bastian und Roberta entwickeln
- Roberta immer mehr an ihren Fähigkeiten zweifelt.

> Probleme mit den Hausaufgaben verleiten viele Eltern dazu, selbst die Kontrolle zu übernehmen.

Ungewollt bremsen besorgte Eltern damit aber die Entwicklung ihres Kindes hin zu mehr Selbstständigkeit und schwächen sein Selbstvertrauen. Deshalb sollten nicht Sie die Hausaufgaben Ihres Kindes kontrollieren, sondern Ihr Kind. Selbstständig Hausaufgaben machen bedeutet, dass Ihr Kind nicht nur selbstständig seine Hausaufgaben erledigt, sondern auch selbst überprüft, ob

- es alles erledigt hat und
- ob alles korrekt ist.

Das stellt an jüngere Kinder sehr hohe Anforderungen. Deshalb können sie das auch nicht von Anfang an, sondern müssen es Schritt für Schritt lernen.

> Ihr Kind soll nicht nur lernen, seine Hausaufgaben selbst zu erledigen, sondern sie auch noch selbst zu kontrollieren.

Natürlich ist es für viele Kinder lästig, wenn sie jetzt auch noch ihre Aufgaben selbst kontrollieren sollen. Denn das verlangt ja noch mal Energie, Aufwand und Zeit. Und wer sucht schon gern nach den eigenen Fehlern?

Was tun?

- Fragen Sie Ihr Kind, welche Vorteile es hat, wenn es seine Aufgaben sorgfältig und in Ruhe kontrolliert. Einige der wichtigsten Vorteile sind, dass es dadurch mehr lernt; weniger Fehler hat; dass es besser zeigen kann, was in ihm steckt; es eine gute Strategie lernt, bei Klassenarbeiten Fehler zu reduzieren und es zwischen Ihrem Kind und Ihnen weniger Konflikte gibt. Lassen Sie Ihr Kind seine Antworten aufschreiben und in seinem Zimmer aufhängen. Sprechen Sie in längeren Abständen immer wieder mit Ihrem Kind darüber.
- Lassen Sie Ihr Kind in seinem Hausaufgabenplan ein Zeitbudget zum Kontrollieren eintragen.
- Üben Sie das Kontrollieren langfristig und regelmäßig mit Ihrem Kind möglichst so, dass es zu einer Routine wird, ähnlich wie das Zähneputzen. Was Sie konkret tun können, erfahren Sie gleich weiter unten.
- Loben Sie Ihr Kind dafür, dass es seine Arbeit überprüft.
- Erwarten Sie nicht, dass es alle seine Fehler findet.
- Loben Sie es, wenn es Fehler findet. Zählen Sie die gefundenen Fehler. Übersehen Sie die nicht gefundenen Fehler.

> Je mehr Ihr Kind lernt, seine Hausaufgaben selbst zu überprüfen, umso selbstständiger wird es.

Und umso mehr sind Sie von dieser Aufgabe entlastet.

Wie wir Erwachsenen auch, kann ein Kind seine Arbeit besser kontrollieren, wenn es

- das dafür notwenige Zeitbudget in seinem Arbeitsplan einkalkuliert hat
- innerlich entspannt ist
- davon überzeugt ist, dass ihm das Kontrollieren Vorteile bringt.

Soll ein Schüler auch Zwischenschritte kontrollieren?

Joshua rechnet $127 - 13 = 140$, statt 114. Er hat Minus mit Plus verwechselt. Das Beispiel zeigt, wie sinnvoll es ist, bereits Zwischenschritte zu kontrollieren. Der erste Zwischenschritt ist dann erreicht, wenn es um die Frage geht, was muss ich tun. Natürlich verwechselt ein Schüler in der 12. Klasse nicht mehr Minus und Plus. Aber dass er die Aufgabenstellung nicht sorgfältig durcharbeitet und deshalb Fehler macht, ist auch dort an der Tagesordnung.

> Gute Kontrollstrategien bestehen meist aus mindestens zwei Phasen:
> Mache ich das, was die Aufgabenstellung verlangt?
> Habe ich die Aufgabe korrekt ausgeführt?

Die Vorteile guter Kontrollstrategien sind:
- Ihr Kind spart Zeit,
- Energie
- und steigert sein Kompetenzerleben, weil es mehr Aufgaben korrekt löst.

Sprechen Sie mit Ihrem Kind über diese Vorteile.

Ich hab es nicht verstanden

Andreas las die Aufgabe durch und sagte dann zu seiner Mutter: »Ich hab es nicht verstanden.« Und Frau Kramer antwortete: »Da bin ich jetzt aber wirklich froh, dass du das rausgefunden hast. Es ist nämlich etwas ganz Wichtiges, wenn man erkennt, ›das hab ich jetzt nicht verstanden‹. Denn dann kann man noch mal in Ruhe darüber nachdenken. Wenn man das hingegen nicht bemerkt, dann macht man ja das Falsche«.

Seien Sie deshalb froh, wenn Ihnen Ihr Kind derartige Dinge anvertraut. Zum einen ist das ein Vertrauensbeweis Ihnen gegenüber, zum anderen ist es für Ihr Kind eine ganz wichtige Erkenntnis. Nur wenn es vor sich selbst zugeben kann, das hab ich nicht verstanden, kann es entsprechend gegensteuern.

> Aussagen wie »das hab ich nicht verstanden« kann man kaum genügend wertschätzen und würdigen.

Jetzt können Sie überlegen, wie weiter. Sie haben beispielsweise folgende Möglichkeiten:

- Sie fragen Ihr Kind »und jetzt?« und warten ab.
- Sie schlagen ihm vor, eine Pause zu machen.
- Ihr Kind schlägt vielleicht vor, »ich les den Text noch mal durch«. Dann müssen Sie nur noch sagen, »tolle Idee.«

Beim Nachtessen können Sie Ihrem Partner davon berichten. Dann können Sie erwähnen, dass es auch manches gibt, was Sie nicht gleich auf Anhieb verstehen, wie z.B. die Erläuterungen zur Steuererklärung oder die Gebrauchsanweisung zum neuen i-Phone.

Kontrollieren lernen – konkrete Tipps

Natürlich ist es am besten, wenn Ihr Kind bereits während den Hausaufgaben jeden Arbeitsschritt regelmäßig kontrolliert. Aber wie?

Kontrollstrategien sind von Fach zu Fach unterschiedlich. Das macht es nicht gerade einfacher, sie zu erlernen.

- **Rechtschreibung:** Je nach Alter des Kindes, entweder jedes geschriebene Wort, jeden Satz oder einen geschriebenen Text korrigieren. Bei Texten oder Diktaten ist es hilfreich, sie Wort für Wort vom Schluss ab zu korrigieren – statt vom Beginn an. Aber auch das muss ein Kind regelmäßig üben, damit es zur Routine wird. Ihr Kind kann auch einen Freund zum Lernen einladen. Sie diktieren beiden ein kurzes Wörterdiktat. Dann tauschen beide ihre Diktate aus und jeder kontrolliert das Diktat des anderen. Oder Sie lassen die beiden einen Korrigier-Wettbewerb austragen. Dabei korrigiert jeder sein eigenes Diktat. Wer die meisten Fehler gefunden hat, hat gewonnen. Sprechen Sie dann mit beiden darüber, welche Vorteile gutes Korrigieren bringt und wie die beiden das beim nächsten Wörterdiktat in der Schule wieder so gut machen.

- **Lesen:** Beim Lesenlernen ist es wichtig, dass sich ein Kind keine ungenaue Lesetechnik aneignet, also zum Beispiel die Wortendungen häufig fehlerhaft erliest, weil dies die Sinnentnahme erschwert. Eine Möglichkeit dazu kann sein, dass ein Schüler der ersten Klassen seiner Mutter dreimal pro Woche drei Sätze laut und langsam vorliest. Vorher haben sie abgesprochen, wie sich das Kind selbst kontrolliert, in dem es z. B. sich zunächst innerlich entspannt; sich sagt, ich lese jetzt drei Sätze besonders sorgfältig; ich lese im ersten Schritt jeden einzelnen Satz leise und langsam; dann, nach einer kurzen Pause langsam und laut. Wenn das Kind beispielsweise Wortendungen gerne überliest, könnte es sich sagen, »ich achte jetzt besonders auf die Wortendungen«.

- **Lesen:** Ebenfalls ist wichtig, dass sich das Kind frühzeitig Lesestrategien aneignet, wie z. B. die Überschrift sorgfältig lesen und sich von vorneherein überlegen, um was es gehen könnte. Wenn ein Text die Überschrift »Wir bauen einen

Schneemann« trägt, dann werden die Beteiligten vermutlich kaum in Badehosen gekleidet sein. Ein älteres Kind braucht natürlich ausgefeiltere Lesestrategien, wie z.B.:

– Die Überschrift lesen und überlegen, um was es gehen könnte.

– Kurz über die Frage, »was weiß ich bereits über dieses Thema« nachdenken und Stichworte auf einem extra dafür bereitgelegten Blatt Papier notieren.

– Den Text ein erstes Mal in Ruhe lesen.

– Eine kurze Pause einlegen und in Ruhe überlegen, was die wichtigsten Aspekte sind. Diese stichpunktartig notieren.

– Den Text ein zweites Mal lesen und wichtige Passagen anstreichen.

– Fragen zum Text beantworten.

– Den Inhalt des Textes anderen vortragen.

Wenn möglich sollte Ihr Kind die einzelnen Schritte notieren und dieses Blatt z.B. auf seinem Schreibtisch anbringen.

• **Mathematik:** In Mathematik sind wiederum andere Kontrollstrategien wichtig. Meist geht es dabei zunächst aber auch um Aufgaben- und Textverständnis. Natürlich hat es wenig Sinn, wenn ein Kind eine Aufgabe zu lösen beginnt, wenn es noch gar nicht genau weiß, was es eigentlich tun soll. Was trivial klingen mag, ist aber leider Alltag. Viele Kinder beginnen überhastet. Sie bringen dann Energie fürs Lernen auf – lernen aber das Falsche. Das ist natürlich frustrierend. Sprechen Sie mit Ihrem Kind darüber, welche Nachteile es hat, überhastet anzufangen. Und was stattdessen besser wäre. Lassen Sie das Ihr Kind selbst rausfinden.

Natürlich muss das Kind auch lernen, wie es kontrolliert, ob es richtig gerechnet hat. Fragen Sie den Lehrer Ihres Kindes, welche Möglichkeiten es hier gibt.

Lernen lernen und Kontrollstrategien sind sehr wichtige Themen. Damit die Kinder sie wirklich beherrschen, müssen sie am besten im Detail gelehrt, eingeübt und wiederholt werden. Das sollte idealerweise in der Schule geschehen. Nicht nur einmal. Sondern immer wieder. In Abhängigkeit vom Lerngegenstand, dessen Komplexitätsgrad und dem Alter, beziehungsweise den Kompetenzen der Kinder.

> Mit dem Erlernen von Kontrollstrategien verhält es sich nicht anders als mit dem Erlernen anderer Fertigkeiten wie Englisch, ein Musikinstrument spielen, kochen oder eine Sportart ausüben. Manchen Kindern fallen sie relativ leicht – andere tun sich damit sehr schwer. Diese Kinder verdienen unseren Respekt und unsere Achtung. Durch geduldiges, regelmäßiges und gezieltes Üben können sich aber auch diese Kinder verbessern.

Das Thema wirksame Kontrollstrategien ist aber für viele Lehrer und an vielen Schulen noch Neuland. Sie könnten beispielsweise über die Elternvertretung dazu anregen, dass sich das gesamte Lehrerteam damit auseinandersetzt. Das ist deshalb sinnvoll, weil in der ersten Klasse ganz andere Kontrollstrategien erforderlich sind als in der elften. Wenn sich die ganze Schule mit diesem Thema befasst, bestehen die besten Chancen, dass sie Einzug in der Schule halten und in den Klassen fester Bestandteil des Unterrichts werden.

Der Wochenplan

Wochenpläne geben dem Lernen eine äußere Struktur. Ihr Kind, oder bei noch sehr jungen Kindern, Sie gemeinsam mit Ihrem Kind gestalten sich Anfang der Woche einen Wochenplan.

Die Vorteile sind:

- Wenn Ihr Kind im Wochenplan den Beginn seiner Hausaufgaben eingetragen hat, muss Ihr Kind nicht immer wieder aufs Neue entscheiden, wann es anfängt.
- Ihrem Kind ist intuitiv klar, dass es sich innerhalb dieser Zeitspanne nicht mit seinen Freunden verabredet.
- Wenn Ihr Kind diesen Plan seiner Freundin mitteilt, dann muss es auch keine Angst haben, dass genau während der Hausaufgaben die Freundin anrufen und es etwas verpassen könnte. Denn die Freundin ruft gar nicht an, wenn sie weiß, dass niemand abnimmt.

Die Regelung schafft auch für Sie Klarheit. Wenn Sie wissen, dass Philipp am Dienstag um 15:45 Uhr mit seinen Hausaufgaben anfängt, dann brauchen Sie nicht schon um 14:00 Uhr besorgt zu überlegen, warum er nicht schon längst angefangen hat:

Der Plan enthält auch eine Deadline. Sie gibt an, wann das Kind sein Lernen spätestens beendet haben muss. Die Vorteile sind:

- Eine Deadline beugt übermäßigem Trödeln Ihres Kindes vor.
- Eine Deadline sorgt dafür, dass Ihr Kind nicht den ganzen Nachmittag an seinen Aufgaben sitzt und dann für nichts anderes mehr Zeit hat.

Eine Planung, die exakt festlegt, wann wir was tun, steigert erheblich die Chancen, die eigenen Ziele auch wirklich zu erreichen.

Wenn sich ein Schüler hingegen vage vornimmt, irgendwann nächste Woche mal mit der Vorbereitung auf die Englischprüfung zu beginnen, dann besteht ein hohes Risiko zu scheitern. Das gilt sowohl für Kinder als auch für Erwachsene in Bezug auf alle Ziele und Vorsätze.

→ *Den folgenden beispielhaft ausgefüllten Wochenplan »Für Ihr Kind« finden Sie auf S. 124 f.*

Was tun Sie, wenn sich Ihr Kind nicht an die Deadline hält?

Wenn Sie einen Zeitpunkt festgelegt haben, zu dem Ihr Kind seine Aufgaben abgeschlossen haben muss, dann sollten Sie auch dafür sorgen, dass sich Ihr Kind daran hält. Aber wie? Seien Sie in diesem Fall erbarmungslos. Und zwar vom ersten Tag an. Veranlassen Sie Ihr Kind exakt zum festgelegten Zeitpunkt, mit seinen Hausaufgaben aufzuhören – selbst wenn es protestiert und noch nicht fertig ist. Auch dann, wenn es Sie anfleht: »Nur noch eine Minute, ich bin gleich fertig!« Damit zeigen Sie Ihrem Kind, dass Ihr Wort gilt.

Orientieren Sie Ihr Kind dann darüber, dass Sie seinen Lehrer anrufen, um ihm mitzuteilen, dass es mit seinen Hausaufgaben nicht fertig geworden ist. Selbst wenn Ihr Kind heftigst dagegen protestiert. Bleiben Sie aber innerlich gelassen und ruhig und lassen Sie sich durch dieses Verhalten Ihres Kindes nicht aus dem Gleichgewicht bringen. Schreien und Protestieren sind übliche und normale Reaktionen eines Kindes in solchen Situationen. Sie klingen in der Regel nach einigen Minuten oder wenigen Stunden von alleine wieder ab. Vor allem, wenn Sie sich dadurch nicht verunsichern lassen, ruhig bleiben und sich nicht in Diskussionen hineinziehen lassen. Diese beginnt Ihr Kind nämlich vor allem deshalb, um Sie von

Für Ihr Kind: Der Wochenplan für Mike, 14 Jahre

Worauf ich täglich achte:
- Vor Beginn der Hausaufgaben richte ich meinen Arbeitsplatz ein
- Nach jedem einzelnen Lernabschnitt überprüfe ich, ob alles richtig ist
- Ich plane genügend Vorbereitungszeit ein, um mich auf Prüfungen gut vorbereiten zu können

Zeit	Montag	Dienstag	Mittwoch	Donnerstag	Freitag
14:00 – 14:30	Mathematik – Fünf Minuten Pause –		Frei		
14:30 – 15:00	Deutsch – Fünf Minuten Pause –		Mathematik – Fünf Minuten Pause –		Schule bis 14:45
15:00 – 15:30	Geschichte – Fünf Minuten Pause –		Geographie Englisch – Fünf Minuten Pause –	Schule bis 15:20	Deutsch Mathematik – Fünf Minuten Pause –

15:30 – 16:00	Prüfungsvorbereitung Englisch – Fünfzehn Minuten Pause		Deutsch Physik	Frei	Englisch Geographie – Fünf Minuten Pause –
16:00 – 16:30	Arbeitsplatz aufräumen	Schule bis 16:10	Gitarre üben	Deutsch Mathematik Teil 1 – Fünf Minuten Pause –	Gitarre üben
16:30 – 17:00	Volleyball	Mathematik – Fünf Minuten Pause –	Kunst Religion	Mathematik Teil 2 Englisch – Fünf Minuten Pause –	Wiederholen Physik Wiederholen Englisch
17:00 – 17:30	Volleyball	Deutsch und Religion – Fünf Minuten Pause –	Frei	Physik – Zehn Minuten Pause –	Volleyball

Fortsetzung auf Seite 126

Zeit	Montag	Dienstag	Mittwoch	Donnerstag	Freitag
17:30 – 18:00	Küche aufräumen	Prüfungsvorbereitung Mathematik – Fünf Minuten Pause –	Frei	Prüfungsvorbereitung Englisch	Volleyball
18:00 – 18:30	Abendessen vorbereiten helfen	Prüfungsvorbereitung Englisch	Abendessen vorbereiten	Frei	Abendessen vorbereiten
18:30 – 19:00	Abendessen	Abendessen	Abendessen	Abendessen	Abendessen

Mein Rettungsring bei Schwierigkeiten:

Wenn ich bei einer Aufgabe nicht weiterkomme:

– Schritt 1: Ich atme einige Male tief durch, lese die Aufgabe noch einmal ganz in Ruhe, oder überlege noch einmal, wie ich die Aufgabe lösen könnte.

– Schritt 2: Wenn Schritt 1 nicht weiterhilft, dann lasse ich diese Aufgabe aus und erledige zunächst die restlichen Aufgaben. Dann schaue ich mir diese Aufgabe noch einmal in Ruhe an. Wenn ich auch dann nicht weiterkomme, rufe ich meinen Freund Marco an, oder ich bitte morgen meinen Lehrer, es mir noch einmal zu erklären. Vermutlich haben es andere auch nicht verstanden.

Ihrer Forderung abzubringen. Auch wenn ihm dies nicht bewusst ist.

Ihr Kind wird Sie in Zukunft ernst nehmen, wenn Sie jetzt konsequent handeln. Es lernt so am schnellsten, was bei Ihnen gilt und nicht gilt. Aber es wird im Laufe von nur wenigen Wochen immer weniger auf Sie hören, wenn Sie reden, reden und reden und es zulassen, dass sich Ihr Kind nicht an getroffene Vereinbarungen hält. Die Konsequenz ist, dass sich die Hausaufgaben für alle quälend lang hinziehen.

> Ob Ihr Kind mit Ihnen getroffene Lernvereinbarungen einhält oder nicht, liegt an erster Stelle daran, wie konsequent Sie handeln.

Teilen Sie Ihrem Kind im Voraus mit, wie Sie vorgehen werden, wenn es die Deadline überschreiten wird. Dann weiß es, mit welchen Reaktionen es rechnen muss.

Was können Sie tun, wenn Ihr Kind keine Lust zum Lernen hat?

Auch wenn Sie als Eltern alles richtig machen und Ihr Kind vorbildlich beim Lernen coachen, kann es durchaus sein, dass es oft keine Lust zum Lernen hat. Das ist eine ganz normale Motivationslage eines ganz normalen Kindes. Es gibt nur ganz wenige Schüler, die alles interessant und spannend finden, was der Lehrer unterrichtet und sie zu Hause als Hausaufgaben bearbeiten müssen. Und Studien zeigen, dass sich vor allem Schüler im Jugendalter häufig während des Unterrichts langweilen. Bei den Hausaufgaben ist es nicht anders.

Es gibt keine Zaubertricks, die Ihr Kind plötzlich zu einem begeisterten Lerner machen. Es muss in den sauren Apfel beißen. Weil ihm das aber nicht gefällt und es keine Hausaufgaben machen möchte, sind Sie gefragt. Verlangen Sie jetzt, dass Ihr Kind die Hausaufgaben macht. Selbst wenn sie aus Ihrer Sicht nicht sinnvoll erscheinen. Denn wenn Sie am Sinn der Hausaufgaben zweifeln, dann hat Ihr Kind leichtes Spiel, sich zu drücken. Und im Nu kann sich daraus ein Hausaufgabenproblem entwickeln.

Sie gehen ja auch an den Tagen zur Arbeit, an denen Sie keine Lust haben. Natürlich ist es sinnvoll, wenn Sie sich dann selbst motivieren. Indem Sie sich zum Beispiel sagen, dass Sie für Ihre Arbeit Geld bekommen. Kinder können sich aber noch nicht so gut selbst motivieren wie wir Erwachsene. Sie sind ihren Stimmungen stärker ausgeliefert. Deshalb braucht Ihr Kind hier Ihre Hilfe. Klar können Sie es an die Vorteile erinnern, die es hat, wenn es seine Hausaufgaben erledigt. Aber leider nützt das auch nicht immer.

Dann bleibt halt nur eins. Ihr Kind muss es machen. Und Sie müssen das von Ihrem Kind einfordern. Gerade dann, wenn es »null Bock hat«. Es wird für sein späteres Leben die Fertigkeit brauchen, Dinge korrekt zu erledigen, selbst wenn es ihren Sinn nicht immer einsieht und selbst wenn es keinerlei Interesse daran hat.

Und wie gehen Sie konkret vor? Sagen Sie Ihrem Kind kurz, klar und konkret, was es tun soll, z. B.: »Bitte setz dich jetzt hin und mach deine Hausaufgaben.« Nicht mehr und nicht weniger. Und lassen Sie sich nicht in kontraproduktive Scheindiskussionen hineinziehen, wenn es sagt: »Die Hausaufgaben sind blöd!« Es geht jetzt nicht darum, zu besprechen, ob die Hausaufgaben »blöd« sind oder nicht, sondern darum, dass Ihr Kind mit Arbeiten anfängt.

Seien Sie aber tolerant, wenn es wegen der »blöden« Hausaufgaben mault, klagt, schimpft und flucht. Das ist eine normale Reaktion, mit der es versucht, seine inneren Spannungen abzubauen. Ignorieren Sie es einfach. Beachten Sie, dass viele Erwachsene im Straßenverkehr schon allein deshalb fast ausrasten, weil die Ampel »aber auch jedes Mal, wenn ich komme, wieder rot« ist. Trotzdem müssen sie anhalten. Und Ihr Kind seine Hausaufgaben erledigen.

Was können Sie tun, wenn Ihr Kind wegen der Schule gekränkt ist?

Die 14-jährige Priska kommt frustriert von der Schule. So viel hatte sie zu Hause gelernt und es gut gekonnt, als ihre Mutter sie noch einmal abgefragt hatte. Aber beim Vortrag vor der Klasse schien plötzlich alles wie weggeblasen. Sie spürte, dass das kein guter Vortrag werden würde. Aber als dann ihre Lehrerin meinte, dass sie sich offensichtlich wieder einmal nicht vorbereitet hatte, war sie so gekränkt, dass sie kein Wort mehr herausbrachte.

Es gibt vieles, was Kinder während der Schulzeit belastet. Dadurch reduziert sich ihre fürs Lernen nötige Energie. Mit ihrem Herzen sind sie vielleicht noch gar nicht parat, sich den Herausforderungen der Hausaufgaben zu stellen.

Das Kind braucht jetzt zunächst Verständnis von Ihrer Seite. Am einfachsten zeigen Sie Verständnis, in dem Sie Ihrem Kind einfach nur zuhören und es erzählen lassen. Lassen Sie sich schildern, was geschehen ist und wie Ihr Kind die Dinge erlebt hat. Hin und wieder können Sie eine Vertiefungs- oder Verständnisfrage stellen. Solche Gespräche sind oft sehr kurz, manchmal nur zwei oder drei Minuten. Manchmal auch länger, je nach Kind und wie aufwühlend der Vorfall war.

Nachdem sich Priska wieder etwas beruhigt hat, sagt ihre Mutter zu ihr: »Es ist nicht schön, dass deine Lehrerin so reagiert hat. Aber was kannst du tun, damit es dir jetzt bald wieder

besser geht?« Diese Frage hilft Priska dabei, selbst Wege zu finden, wie sie eine Enttäuschung überwinden kann. Und das ist
eines vom Wichtigsten, was wir im Leben brauchen.

Carla kommt in Tränen aufgelöst nach Hause. Schluchzend
berichtet sie ihrer Mutter, dass sie immer von Manuela und
Tanja gehänselt werde. Nachdem Carlas Mutter eine Zeitlang
zugehört hat und spürt, dass sich ihre Tochter wieder fängt,
sagt sie zu ihr: »Gut, dass du mir davon erzählt hat, dass dich
Manuela und Tanja gehänselt haben. Wenn das in Zukunft wieder vorkommen sollte, dann erzähle es mir bitte wieder. Aber
lass uns doch nachher mal zusammen überlegen, was du dagegen tun kannst.« Hilfreiche Strategien könnten darin bestehen,
in Zukunft wegzuhören, cool zu bleiben oder sich mehr auf die
Klassenkameradinnen zu konzentrieren, zu denen bereits eine
gute oder eine neutrale Beziehung besteht. Zusätzlich kann
man sich mit dem Kind darüber beraten, was es besser nicht
tut, nämlich weinen, sich aufregen oder auf andere Weise signalisieren, dass es sich durch das Hänseln verletzt fühlt.

> Natürlich braucht Ihr Kind nach einer Kränkung im ersten
> Schritt Ihr Verständnis. Helfen Sie ihm aber im zweiten
> Schritt dabei, nach Wegen zu suchen, die es dabei unterstüt-
> zen, die Kränkung zu überwinden. Damit stärken Sie seine
> Psyche und sein Selbstwertgefühl.

Irgendwann ist aber auch dieses Gespräch zu Ende. Wenn dann
Ihr Kind nicht von alleine zum vereinbarten Zeitpunkt mit seinen Hausaufgaben anfängt, sollten Sie ihm klar signalisieren,
dass Sie das von ihm erwarten. Dann lernt Ihr Kind, dass sein
Leben auch nach einer Kränkung weitergeht.

Lernstrategien

Natürlich sind die Schulnoten keine Nebensächlichkeit. Aber langfristig gesehen ist wichtig, dass ein Schüler lernt, sein Lernen zu optimieren. Nur so kann er schließlich zu besseren Noten kommen. Wesentliche Aspekte dabei sind:

- Das eigene Lernen zu planen: Dabei sind Aspekte wichtig wie: Wo lerne ich? Welches Material brauche ich? Womit fange ich an? Welche Zeit plane ich ein? Wie werde ich meinen Lernprozess kontrollieren, beispielsweise: »Ich überprüfe sorgfältig nach jedem abgeschlossenen Arbeitsschritt, ob alles richtig ist.«

- Das eigene Lernen zu überwachen: Dabei geht es um Fragen wie: Habe ich die zu bearbeitende Aufgabe genau durchgelesen und verstanden? Arbeite ich auch wirklich konzentriert? Bleibe ich auch nach einem Misserfolg gut dran? Kontrolliere ich auch wirklich nach jedem abgeschlossenen Arbeitsschritt mein Lernergebnis?

- Den eigenen Lernprozess zu verbessern: Was möchte ich beim nächsten Mal verbessern? Das könnte zum Beispiel sein: »Jede Textaufgabe in Mathematik lese ich in Ruhe zweimal durch, bevor ich rechne.« Oder: »Beim Bearbeiten eines Textes konzentriere ich mich als erstes auf die Überschrift und überlege, was die Überschrift ausdrücken könnte. Erst dann beginne ich mit dem Lesen des Textes.«

Kinder sind keine Erwachsene und können diese Lernstrategien nicht alleine entwickeln und trainieren. Dazu brauchen sie einen Coach. Das sollten idealerweise ihre Lehrer sein. Es ist hilfreich, wenn Lehrer gezieltes Lerntraining mit allen Schülern ihrer Klasse durchführen. Und zwar für jedes Fach extra, wie Ergebnisse aus der Lernforschung nahelegen.

Aber was, wenn der Lehrer das nicht tut? Können dann auch die Eltern das Lerncoaching übernehmen? Ja, unter folgenden Voraussetzungen:

- Der Coach hat eine gute Lernbeziehung zum Kind. Auf Deutsch: Es gibt keinen Streit zwischen Ihnen und Ihrem Kind wegen Lernen oder Hausaufgaben.
- Der Coach muss ausreichende Grundkenntnisse über die wichtigsten Lernstrategien mitbringen. Diese erfahren Sie in diesem Buch.
- Der Coach muss die Lernziele auf den Entwicklungsstand des Kindes und dessen Fähigkeiten zuschneiden. Wenn sich ein Kind beim Orthographie-Training mit der Lernkartei im Schnitt nur vier Minuten konzentrieren kann, dann wäre ein Lernziel von zehn Minuten natürlich viel zu hoch. Das Kind würde scheitern und würde in seiner Lernentwicklung sogar zurückgeworfen.

> Lernziele sollten für Ihr Kind motivierend und erreichbar sein. Je konkreter sie formuliert sind, desto genauer weiß Ihr Kind, was es tun soll.

Ein wenig konkretes Ziel wäre beispielsweise: »Ich will mich beim Lernen mehr anstrengen.« Das ist sicher gut gemeint, es bleibt aber unklar, was das konkret heißt. Außerdem ist das Ziel zu hoch gesteckt. Hingegen ist »Ich lese jede Textaufgabe in Mathematik in Ruhe zweimal durch, bevor ich rechne« ein klar definiertes und auch erreichbares Ziel.

Aber wo kommen die Lernziele her? Und wer stellt sie auf? Es gibt folgende Möglichkeiten:

- Ihr Kind setzt sich seine Lernziele selbst. Diesen Vorgang können Sie unterstützen, indem Sie es nach seinen Lernzielen direkt fragen, etwa: »Was meinst du, was du tun könntest, um dein Lernen noch weiter zu verbessern?«

- Sie schlagen Lernziele vor dem Hintergrund Ihres Wissens über das Lernen Ihres Kindes vor und sprechen sie mit ihm ab.

- Eine weitere Möglichkeit ist, dass Sie die Lernziele in einem gemeinsamen Gespräch mit Ihrem Kind und dessen Lehrer besprechen. Dadurch besteht die Chance, dass auch die Meinung des Lehrers in die Lernentwicklung Ihres Kindes Eingang findet. Dazu könnten Sie einfach den Lehrer fragen: »Was ist aus Ihrer Sicht wichtig, was unser Kind übers Lernen lernen sollte?«

Das Lerntagebuch

Das Lerntagebuch vor dem Lernen hat die Funktion, den Schüler im Detail aufs Lernen einzustimmen. Es rückt sein aktuelles Lernziel in den Fokus und speist Energie in seinen Lernprozess ein.

Beispiel: Die 14-jährige Alice will ihre Lesekompetenz steigern. Wenn sie einen Text zu bearbeiten hat, will sie sich an folgende Schritte halten:

Schritt 1: Überschrift lesen und überlegen, worum es im Text gehen könnte.

Schritt 2: Den ganzen Text einmal durchlesen. Dabei wichtige Textstellen farbig hervorheben.

Schritt 3: Nach dem ersten Lesen kurz schriftlich die wichtigsten Inhalte, die ihr im Gedächtnis geblieben sind, stichwortartig notieren.

Schritt 4: Den Text noch einmal lesen.

Schritt 5: Fragen zum Text beantworten oder den Text in eigenen Worten kurz zusammenfassen.

Der neunjährige Mark lässt sich bei den Rechenhausaufgaben schnell ablenken. Als Lernziel hat er für sich formuliert: »Ich will jeweils fünf Aufgaben konzentriert am Stück bearbeiten.« An den Tagen, an denen er Mathematik lernt, füllt er, bevor er mit den Mathematikaufgaben beginnt, sein Lerntagebuch aus:

→ *Das folgende beispielhaft ausgefüllte »Lerntagebuch* vor *den Hausaufgaben« finden Sie auf den Seiten 135f.*

2 Wie Sie Ihr Kind *während* des Lernens am besten coachen

Experten sind sich darüber einig, wie Eltern ihrem Kind während des Lernens und der Hausaufgaben am besten helfen, nämlich, indem sie seine Selbstständigkeit und Selbstverantwortung fördern.

> Für Hausaufgaben, Lernen und Schule ist Ihr Kind verantwortlich – nicht Sie.

Um einem Missverständnis vorzubeugen: Das heißt natürlich nicht, und das wissen Sie ja auch, dass es Ihnen gleichgültig sein soll, ob und wie Ihr Kind seine Hausaufgaben erledigt, ob und wie Ihr Kind lernt, ob und wie es in der Schule aufpasst und ob und wie es sich am Unterricht beteiligt. All diese Dinge sind wichtig, um ein gutes Lernresultat zu erzielen.

Aber am besten helfen Sie Ihrem Kind, wenn Sie im Hintergrund aktiv sind – und Ihr Kind die Hauptverantwortung trägt.

Für Ihr Kind: Das Lerntagebuch *vor* den Hausaufgaben

Teil A: Bitte bearbeite die folgenden vier Punkte während der ersten Woche jedes Monats. Dann kannst du motivierter und besser lernen.

Mein Lernziel:
Fünf Mathematikaufgaben am Stück konzentriert bearbeiten.

Die Vorteile meines Lernziels: Wenn ich meine Mathematikaufgaben konzentriert löse, hat das folgende Vorteile für mich:

– Ich lerne mehr.
– Ich kann mehr spielen, weil ich schneller mit den Aufgaben fertig bin.

Mögliche Hindernisse: Welche Hindernisse mich von meinem Lernziel abhalten könnten:

– Hindernis 1: Ich bin müde, und kann mich deshalb schlecht konzentrieren.
– Hindernis 2: Ich komme mit einer Aufgabe nicht weiter und fange an zu träumen.
– Hindernis 3: Ich habe keine Lust, Mathematik zu lernen.

Fortsetzung auf Seite 136

Wie ich diese Hindernisse bewältige:

– Hindernis 1: Ich mache, bevor ich mit den Mathematikaufgaben beginne, eine kleine Pause.

– Hindernis 2: Wenn ich nach zwei Versuchen mit einer Aufgabe nicht weiterkomme, dann mache ich mit der nächsten Aufgabe weiter.

– Hindernis 3: Ich denke daran, welche Vorteile es hat, wenn ich gut rechnen lerne.

Teil B: Bitte fülle Folgendes immer aus, *bevor du lernst!*

	Montag			Dienstag			Mittwoch			Donnerstag			Freitag		
So fühle ich mich jetzt:	☺	☺	☹ **✗**	☺	☺	☹	☺	☺	☹	☺	☺	☹	☺	☺	☹
Ich bin konzentriert:	ja **✗**	teils	nein	ja	teils	nein	ja	teils	nein	ja	teils	nein	ja	teils	nein
Es ist mir wichtig, mein Ziel zu erreichen:	ja **✗**	teils	nein	ja	teils	nein	ja	teils	nein	ja	teils	nein	ja	teils	nein

Meine Notfallstrategie:

– Wenn ich nach zwei Versuchen mit einer Aufgabe nicht weiterkomme, dann sage ich mir: »Das ist nicht schlimm – mache einfach die nächste Aufgabe.«

– Wenn ich mal keine Lust habe, zu lernen oder meine Hausaufgaben zu machen, dann denke ich daran, dass ich mit Mario Fußball spielen gehe, sobald ich fertig bin.

Sind Sie für das Lernen Ihres Kindes verantwortlich?
Oder Ihr Kind?

Und wie ist das bei Ihnen zu Hause? Wer hat bei Ihnen zu Hause die Hauptverantwortung für Hausaufgaben, Lernen und Schule? Sie oder Ihr Kind?

Ein kleiner Test hilft Ihnen weiter. Dazu müssen Sie, Ihr Partner und Ihr Kind nur folgende Fragen beantworten:

- »Wie wichtig sind mir die Hausaufgaben?«
- »Wie wichtig ist mir die Schule?«
- »Wie wichtig ist mir das Lernen?«

Geben Sie für jede Antwort Punkte von null bis zehn:
Null bedeutet: Es ist mir überhaupt nicht wichtig.
Zehn bedeutet: Es ist mir extrem wichtig.

Wenn Sie sich bei den Fragen eine hohe Punktzahl geben und Ihr Kind sich eine niedrige gibt, dann ist die Verantwortung für Lernen und Hausaufgaben ungünstig verteilt. Nämlich stärker auf Ihrer Seite, als auf der Ihres Kindes. Dann haben Sie die Verantwortung für diese Dinge übernommen. Das ist zwar gut gemeint und zeigt, dass Sie Ihrem Kind helfen wollen. Trotzdem läuft es in die falsche Richtung.

> Damit Ihr Kind selbstständig werden kann, müssen Sie es selbstständig werden lassen. Das bedeutet, dass Ihr Kind lernen muss, alleine zu arbeiten.

In diesem Buch finden Sie viele Möglichkeiten, wie Sie die Verantwortung für Lernen, Hausaufgaben und Schule in die Hände Ihres Kindes geben können. Wenn Sie ab heute einige dieser Schritte unternehmen und nach drei Monaten keine

Trendwende ersichtlich ist, dann sollten Sie überlegen, einen Beratungslehrer oder einen schulpsychologischen Dienst in Anspruch zu nehmen. Diese Experten sind dazu ausgebildet, Ihnen bei Fragen rund ums Lernen weiterzuhelfen.

Was Sie *nicht tun* sollten

Je schlechter die Noten eines Kindes, desto mehr engagieren sich seine Eltern bei seinen Hausaufgaben. Welchen Erfolg haben diese Bemühungen der Eltern? Auch das haben Wissenschaftler untersucht (Niggli et. al. 2007). Und machten eine erstaunliche Entdeckung. Denn viele Eltern helfen ungewollt falsch. Ungünstig ist es, wenn die Eltern aus Sicht ihres Kindes

- viel kontrollieren,
- sich bei den Hausaufgaben einmischen und
- wenn es Streit gibt wegen der Hausaufgaben.

Kontrolle bedeutet aus Sicht des Kindes:

- »Meine Eltern drohen mir mit Strafen, z.B. Fernsehverbot, wenn sie merken, dass ich meine Hausaufgaben nicht erledige.«
- »Meine Eltern fragen dauernd nach, ob ich meine Hausaufgaben ordentlich erledigt habe.«
- »Meine Eltern sind ärgerlich, wenn ich meine Hausaufgaben nicht ordentlich erledigt habe.«
- »Meine Eltern schimpfen mit mir, wenn ich eine schlechte Note erhalte.«

Einmischung bedeutet aus Sicht des Kindes:

- »Meine Eltern helfen auch dann, wenn ich gar keine Hilfe brauche.«
- »Meine Eltern fragen mich oft, ob sie beim Lernen helfen sollen.«

- »Meine Eltern mischen sich oft ein, wenn ich meine Hausaufgaben erledige.«

Wenn Eltern den Bleistift selbst in die Hand nehmen, im Heft ihres Kindes etwas ausradieren, die Zwischenergebnisse einer komplizierten Rechnung selbst notieren, dem Kind erklären, was es bei dieser Textaufgabe tun muss, ihm die Übersetzung einer englischen Vokabel einsagen, statt es selbst im Wörterbuch nachsehen zu lassen, im Internet recherchieren oder gar eine Power-Point-Präsentation erarbeiten, einen vom Kind entworfenen freien Text inhaltlich aufbessern – dann geht die Hilfe viel zu weit.

Streit wegen der Hausaufgaben bedeutet aus Sicht des Kindes:
- »Hausaufgaben sind immer wieder ein Grund, warum es bei uns zu Hause Streit gibt.«
- »Hausaufgaben stellen eine Belastung für unsere Familie dar.«

All diese Formen des elterlichen Engagements haben nicht den gewünschten Effekt. Im Gegenteil, die Leistungen der Kinder und ihr Interesse an Schule und Lernen nehmen ab. Die Kinder werden sogar schlechter!

Warum? Eltern teilen damit ihrem Kind unbewusst mit, dass es selbst nicht in der Lage ist, die gestellten Anforderungen zu bewältigen. Das Kind gibt innerlich auf.

Vielleicht haben Sie auch schon so reagiert? Das ist nicht so dramatisch. Sie können gegensteuern. Auch wenn es nicht immer einfach ist. Vor allem je länger und je mehr die Verantwortung für Lernen, Hausaufgaben und Schule auf Ihren Schultern lastete statt auf denen Ihres Kindes.

> Lerncoaching bedeutet, dass Sie im Hintergrund da sind.
> Aber keine Aufgaben lösen.

Aber wie reagieren Sie, wenn Ihr Kind Fehler macht?

Stellen Sie sich bitte vor, Sie schauen auf die Aufgaben Ihres Kindes und entdecken einige Fehler, die Ihr Kind offensichtlich übersehen hat. Wie reagieren Sie?

Es gibt verschiedene Möglichkeiten:

- Sie korrigieren die Fehler selbst: Keine wirklich gute Idee, weil:
  - sich dann Ihr Kind in Zukunft darauf verlässt, dass Sie seine Hausaufgaben korrigieren
  - Ihr Kind dies als Einmischung erleben kann, gegen die es sich innerlich wehrt, selbst wenn Sie noch so recht haben
  - Ihr Kind dies als Kritik erleben kann und deshalb gekränkt ist.

- Sie weisen Ihr Kind darauf hin, dass sich noch einige Fehler in seinen Hausaufgaben befinden. Dies ist zwar eine mögliche Variante, die allerdings einige Nachteile in sich trägt, deren Sie sich bewusst sein sollten, wie zum Beispiel,
  - dass auch dann das Risiko besteht, dass sich Ihr Kind in Zukunft auf Sie verlässt
  - dass sich Ihr Kind dann überlegt, warum es seine Hausaufgaben selbst kontrollieren soll, wenn Sie das übernehmen.

- Sie greifen nicht ein – auch wenn es Ihnen schwerfällt. Sie lassen die Fehler stehen und überlassen das Korrigieren dem Lehrer. Die Vorteile sind:

- Ihrem Kind leuchtet eher ein, dass es besser ist, wenn es selbst seine Hausaufgaben kontrolliert, da es sonst mit Fehlern in die Schule kommt.
- Sie riskieren nicht, dass in der Beziehung zwischen Ihnen und Ihrem Kind wegen der Hausaufgaben Risse entstehen.

Falls der Lehrer die Hausaufgaben seiner Schüler nicht überprüft, dann rufen Sie ihn bitte an, und fragen ihn nach seiner Haltung dazu. Erklären Sie ihm, dass Ihr Kind bei seinen letzten Hausaufgaben einige Fehler hatte, die Sie absichtlich nicht korrigiert hätten, weil Sie sich nicht in den Zuständigkeitsbereich des Lehrers einmischen wollten. Bitten Sie den Lehrer darum, die Hausaufgaben regelmäßig zu kontrollieren.

Es ist *nicht* Ihre Aufgabe, die Hausaufgaben Ihres Kindes zu überprüfen. Auch nicht an erster Stelle die seines Lehrers. Sondern die Ihres Kindes. Und dann erst die des Lehrers.

Wie weit ein Kind in der Lage ist, seine Aufgaben selbst zu kontrollieren, hängt ab von

- seinem Alter
- aber auch davon, wie viel Übung es darin hat
- und davon, wie ernst es diese Aufgabe nimmt.

Und bei einem Erstklässler? Da sind die oben genannten Hinweise fast noch wichtiger. Denn bereits hier lernt Ihr Kind die ersten Schritte in die Selbstständigkeit. Indem Sie sich zurückhalten. Natürlich müssen die Eltern eines Erstklässlers mit ihm besprechen, dass und wie er seine Aufgaben kontrolliert. Aber dann soll er es alleine probieren. Dass er dabei viele Fehler übersieht, ist normal.

Und wie unterstützen Sie Ihr Kind bei dieser schwierigen Aufgabe?

- Indem Sie mit Ihrem Kind darüber sprechen, welche Vorteile es hat, wenn es seine Aufgaben immer überprüft.
- Indem Ihr Kind diese Vorteile notiert. Und in seinen Lernplan einträgt. Vor allem wenn sein Lernziel lautet: »Ich kontrolliere nach jedem Arbeitsabschnitt, ob alles in Ordnung ist.«
- Indem es in seinem Lernplan fixe Zeiten zum Überprüfen einträgt – und wenn es nur drei Minuten sind.
- Indem es sich vielleicht das Lernziel setzt: »Ich überprüfe regelmäßig meine Aufgaben.« Oder noch besser: »Ich kontrolliere nach jeden Arbeitsabschnitt, ob alles in Ordnung ist.« Damit entfällt, dass Ihr Kind bis zum Schluss mit dem Überprüfen abwartet und dann nur noch ganz flüchtig und oberflächlich kontrolliert, weil es nicht mehr dafür motiviert ist und seine Energiereserven aufgebraucht sind.
- Indem Sie, vor allem, wenn Ihr Kind noch jung ist, ihm beim Kontrollieren auch mal zusehen.
- Indem Sie es dafür loben, dass es seine Aufgaben selbst kontrolliert – auch wenn es dabei Fehler übersieht.

> Legen Sie Wert darauf, dass Ihr Kind so früh wie möglich – am besten bei den ersten Hausaufgaben – damit anfängt, seine Aufgaben selbst zu überprüfen.

Auch wenn es sich damit zunächst schwertut. Aber es lernt dadurch eine Routine kennen, in der selbstständiges Überprüfen ein zentraler Bestandteil ist. Das wird ihm im Laufe der nächsten Jahre dabei helfen, diese wichtige Aufgabe selbst seriös zu übernehmen. Nicht nur das. Auch im Beruf hat der einen Vorteil, dem sorgfältiges Arbeiten in Fleisch und Blut übergegangen ist.

Wenn Ihr Kind nicht weiterkommt und Sie, so wie Sie vereinbart haben, um Hilfe bittet, dann verzichten Sie darauf, Ihrem Kind die Lösung zu sagen. Schauen Sie sich die Aufgabe und das, was Ihr Kind getan hat, in Ruhe an. Schauen Sie sich an, wo Ihr Kind nicht mehr weiterkommt. Lassen Sie sich dabei Zeit. Überlegen Sie dann eine oder zwei Fragen, die Ihr Kind auf den Lösungsweg bringen könnten. Wenn Ihr Kind Ihre Anregungen nicht versteht oder nicht umsetzen kann, so ist das kein Problem. Versuchen Sie es nach einer kleinen Pause oder zu einem späteren Zeitpunkt noch einmal. Wenn das auch nicht hilft, ist es kein Drama. Lassen Sie die Aufgabe dann offen und ungelöst oder falsch. Bitten Sie Ihr Kind darum, seinen Lehrer zu fragen. Erkundigen Sie sich am nächsten Tag danach, was der Lehrer geraten hat.

Was tun Sie, wenn Sie feststellen, dass Ihr Kind mit seinen Hausaufgaben wirklich klar überfordert ist? Rufen Sie dann seinen Lehrer an und sprechen sich mit ihm ab.

Denk- und Lösungswege erkunden

Erkunden Sie, vor allem im Fach Mathematik, die Denk- und Lösungswege Ihres Kindes – statt nur darauf zu achten, ob alles richtig ist. Wenn Ihr Kind Fehler macht, erkundigen Sie sich danach, wie es diese Lösung gefunden hat. Fragen Sie Ihr Kind:

- »Wie bist du darauf gekommen?«
- »Wie hast du das gerechnet?«
- »Was hast du dir dabei gedacht?«

Hören Sie zu, was Ihr Kind berichtet – unterstützen Sie dann die Schritte in die richtige Richtung. Das, was Ihr Kind schon kann.

Es kommt vor, dass Kinder Lösungsvorschläge ihrer Eltern oft mit dem Hinweis,»das hat die Lehrerin aber anders erklärt«, ablehnen. Machen Sie daraus kein Drama. Verzichten Sie darauf, Ihren Lösungsvorschlag, selbst wenn er noch so korrekt und sinnvoll ist, durchzusetzen. Bringen Sie stattdessen, nach Rücksprache mit Ihrem Kind, eine Notiz im Hausaufgabenheft für die Lehrerin an.»Carla hat die schriftliche Division noch nicht ganz verstanden – können Sie es ihr bitte noch einmal erklären? Danke«

Wenn Sie bisher bei den Hausaufgaben Ihres Kindes stärker geholfen haben als hier vorgeschlagen, so liegt das vielleicht daran, dass Ihr Kind Sie dazu verleitet hat, viel zu helfen. Indem es sich beispielsweise bei den Hausaufgaben schwertut, wenig motiviert ist, sich schlecht konzentrieren kann, wenig Durchhaltevermögen zeigt, sich selbst wenig zutraut und Ähnliches. All diese Faktoren machen es für Eltern manchmal extrem schwierig, die Entwicklung ihres Kindes hin zur Selbstständigkeit zu fördern.

Gute Hilfe aus Kindersicht

Kinder haben ein unkompliziertes Verständnis dafür, wie sie sich die Hilfe von ihren Eltern wünschen, zum Beispiel:

- »Meine Eltern helfen mir, wenn ich sie darum bitte.«
- »Ich kann meine Eltern jederzeit ansprechen, wenn ich etwas nicht verstehe.«
- »Ich kann schwierige schulische Dinge mit meinen Eltern besprechen, ohne dass es deshalb Streit gibt.«
- »Meine Eltern stehen hinter mir, auch wenn es in der Schule mal nicht so gut läuft.«
- »Ich weiß, was meine Eltern in Bezug auf Lernen und Schule von mir erwarten.«

3 Wie Sie Ihr Kind *nach* dem Lernen am besten coachen

Wie ein Kind seine Lernphase beendet, wie es sich dabei fühlt und was es dann über sich denkt, beeinflusst die nächste Lernsituation. Wenn es positiv gestimmt aufhört, so tritt es die nächste Lernphase eher positiv gestimmt an. Wenn es seine Lernphase in negativer Verfassung beendet, so hängen diese Gefühle nach und werden oft bereits im Vorfeld der nächsten Lernphase wieder aktualisiert. Damit startet das Kind negativ gestimmt und gibt dann bei Schwierigkeiten schneller auf. Daraus kann sich ein negativer Kreislauf entwickeln, der den Schüler zur Überzeugung kommen lässt, »ich bin unfähig«. Klar, dass er Lernen und Hausaufgaben dann ausweicht.

Diese ungünstige Selbstbeurteilung verstärken Eltern oft auch noch ungewollt. Wie das? Das Kind mag zwar bei seinen Hausaufgaben aus seiner Sicht sein Bestes geben – Eltern sehen das oft aber ganz anders. Für sie stellt sich ihr Kind vielleicht schon wieder einmal »dumm« an. Diese Sichtweise schafft das Klima für Vorwürfe. »Kannst du dich nicht einmal richtig anstrengen« oder »Wenn du so lernst, brauchst du dich nicht zu wundern, wenn du nicht weiterkommst«, sprudelt es dann ganz automatisch aus manchen von uns heraus.

Genau das ist jetzt aber die falsche Reaktion. Denn sie zementiert das ungünstige Bild, das das Kind gerade von sich selbst aufbaut.

Je enttäuschender die Lernphase für Ihr Kind, desto wichtiger sind Unterstützung und gezielter Support.

Sorgen Sie für ein versöhnliches Ende

Gerade wenn ein Kind vom Lernen noch besonders frustriert ist, kann es sinnvoll sein, die letzten Minuten mit etwas Angenehmem zu beenden, z.B. einem kurzen Spiel – fünf Minuten sind ausreichend. Sie könnten sagen: »Das waren aber auch schwierige Aufgaben heute. Du hast zwar nicht alle so geschafft, wie du hättest wollen, aber du hast dich wirklich angestrengt. Wenn du möchtest, mache ich dir eine heiße Schokolade und wir spielen noch fünf Minuten ein Spiel – was denkst du?«

Selbst Jugendliche sind für ein verständnisvolles Wort offen, wie »Heute hatten es deine Aufgaben aber wirklich in sich«. Das reicht schon. Ihr Kind wird Ihre Anteilnahme heraushören – auch wenn es überhaupt nicht darauf eingeht.

Aber manche Kinder sind so von sich enttäuscht, dass sie jetzt erst einmal gar nichts mehr hören wollen – auch keine noch so gut gemeinte Unterstützung. Dann hat es auch keinen Sinn, selbst etwas Positives mitteilen zu wollen. Gutes Coaching ist manchmal eine richtige Herausforderung.

Was jetzt? Warten Sie einfach ab. Es braucht einige Zeit, bis sich Ihr Kind wieder von selbst beruhigt. Lassen Sie ihm diese Zeit.

> Um sich nach einer Enttäuschung zu fangen, braucht es Zeit.

Wenn sich Ihr Kind von alleine wieder beruhigt, dann hat es einen wichtigen Schritt nach vorne getan, nämlich gelernt, sein inneres Gleichgewicht selbst auszubalancieren. Eine wichtige Kompetenz. Um Misserfolge im späteren Leben zu bewältigen.

Wenn sich Ihr Kind wieder beruhigt hat, können Sie beispielsweise das Abendessen nutzen, um Ihrem Kind den Rücken zu stärken. Sie könnten sagen: »Das war heute aber wirklich ganz schwer. Da kann man schon mal die Geduld verlieren. Mami ist aber überzeugt, dass du bei deinen Hausaufgaben Fortschritte machen kannst. Lass uns doch Morgen mal überlegen, was du tun kannst, damit dir die Hausaufgaben in Zukunft leichter fallen.«

Und bei den nächsten Hausaufgaben achten Sie darauf, dass Ihr Kind sie wieder erfolgreich lösen kann. Und machen es sofort auf diesen Fortschritt aufmerksam, in dem Sie sagen: »Heute ging es schon wieder viel besser als gestern. Toll, du hast heute genau nachgelesen, was du tun musst, überlegt gearbeitet und am Schluss sogar kontrolliert, ob alles richtig ist. Du bist auf einem guten Weg. Da kannst du stolz auf dich sein.« Sagen und zeigen Sie Ihrem Kind so konkret wie möglich, was es gut gemacht hat. Gehen Sie vor allem auf Aspekte der Arbeitshaltung ein.

So helfen Sie Ihrem Kind dabei, wieder mehr an sich selbst zu glauben.

Aber was können Sie tun, wenn sich Ihr Kind über längere Zeit bei seinen Hausaufgaben wirklich schwer tut? Dann nehmen Sie bitte mit seinem Lehrer Kontakt auf und beraten sich mit ihm.

> Fördern Sie Anstrengungsbereitschaft, gute Gefühle rund ums Lernen und die Überzeugung Ihres Kindes, dass es Probleme überwinden kann.

Vermeiden Sie aber Aussagen wie »Das nächste Mal schreibst du sicher eine gute Note«, denn dafür gibt es selbst bei gutem Lernen keine Garantie.

Und wenn Ihr Kind gar nicht alle Aufgaben geschafft hat,

weil es enttäuscht aufgegeben hat? Dann lösen Sie bitte nicht die Aufgaben für Ihr Kind. Auch wenn es schwerfallen mag. Sie würden damit nur seine Hilflosigkeit fördern. Natürlich dürfen Sie helfen, wenn Ihr Kind Sie darum bittet. Und ihm die Hinweise geben. Wie das geht, haben wir oben schon besprochen.

Zu hohe Erwartungen

In welcher Stimmung ein Kind seine Lernphase beendet, hängt auch davon ab, ob es sie als Erfolg oder als Misserfolg bewertet. Sein Urteil wird davon beeinflusst, welche Erwartungen es an sein Leistungsvermögen während der Lernphase stellt: Stellt es sehr hohe Erwartungen, genügen bereits kleine Schwierigkeiten, damit ein Schüler seine Hausaufgabenphase negativ einschätzt.

> Bezüglich zu hoher Erwartungen gilt: Das Beste ist der Feind des Guten.

Warum hab ich das nicht geschafft?

Wenn ein Schüler an seinen Hausaufgaben scheitert, dann ist es wichtig, wem er diesen Misserfolg zuschreibt. Wenn er sagt, »Der Lehrer hat die Hausaufgaben ja gar nicht richtig erklärt, deshalb konnte ich sie nicht lösen« oder »Die Hausaufgaben sind so schwer, die kann gar niemand lösen«, so entlastet ihn diese Ursachenzuschreibung vom eigenen Misserfolg.

Wenn er hingegen meint, »Das zeigt doch wieder, dass ich das nie lernen werde« oder »Das zeigt doch, dass ich echt doof bin«, dann wird ihm diese Ursachenzuschreibung beim Start in die nächsten Hausaufgaben belasten und er wird bei auftauchenden Schwierigkeiten schneller wieder aufgeben.

Und wie beendet Ihr Kind meistens seine Hausaufgaben?

Das Lerntagebuch gibt Ihnen schnell Klarheit. Lassen Sie Ihr Kind sein Lerntagebuch alleine ausfüllen. Es braucht höchstens am Anfang eine kurze Einführung. Machen Sie mit ihm ab, dass Sie hin und wieder einen Blick hineinwerfen wollen. Denn dann können Sie, falls nötig, rechtzeitig eingreifen.

Lerntagebuch: *Nach* den Hausaufgaben

Lerntagebücher ermöglichen es dem Lernenden, sich beim Lernen selbst zu beobachten. Sie verdeutlichen ihm, wie er lernt, dokumentieren den Lernverlauf, zeigen ihm, wo er Stärken und Schwächen hat und geben ihm wichtige Hinweise, wie er sein Lernen optimieren kann.

→ *Das folgende beispielhaft ausgefüllte »Lerntagebuch nach den Hausaufgaben« finden Sie auf den Seiten 150 f.*

Je mehr Ihr Kind Lerntagebücher oder Wochenpläne als integralen Teil des Lernens sieht, desto eher profitiert es davon. Das können Sie fördern, indem Sie Interesse am Lerntagebuch zeigen.

Wichtig ist, dass Ihr Kind bereits im Wochenplan ein entsprechendes Zeitbudget zum Bearbeiten seines Lerntagebuchs reserviert.

Falls Ihr Kind sich nur in einem Fach besonders schwertut, dann ist es empfehlenswert, das Lerntagebuch nur in Bezug auf dieses schwierige Fach zu führen.

Wenn Ihr Kind sich bei den Fragen »So fühle ich mich jetzt« und »Ich bin mit meinem Lernergebnis zufrieden« regelmäßig und über mehrere Wochen schlechte »Noten« gibt, dann besteht dringender Handlungsbedarf. Falls Ihnen die Hinweise in

Für Ihr Kind: Das Lerntagebuch *nach* den Hausaufgaben

Bitte fülle diese Seite immer aus, *nachdem* du gelernt hast!

	Montag	Dienstag	Mittwoch	Donnerstag	Freitag
So fühle ich mich jetzt:	☺ ☺ ✗ ☹	☺ ☺ ✗ ☹	☺ ✗ ☺ ☹	☺ ☺ ☹ ✗	☺ ✗ ☺ ☹
Ich habe die Lernzeit gut genutzt:	☺ ja ✗ ☺ teils ☹ nein	☺ ja ☺ teils ✗ ☹ nein	☺ ja ✗ ☺ teils ☹ nein	☺ ja ☺ teils ✗ ☹ nein	☺ ja ✗ ☺ teils ☹ nein
Ich war bei der Sache und bin nicht vom Lernstoff abgeschweift:	☺ ja ✗ ☺ teils ☹ nein	☺ ja ☺ teils ✗ ☹ nein	☺ ja ✗ ☺ teils ☹ nein	☺ ja ☺ teils ✗ ☹ nein	☺ ja ✗ ☺ teils ☹ nein
Ich bin mit meinem Lernergebnis zufrieden:	☺ ja ✗ ☺ teils ☹ nein	☺ ja ☺ teils ✗ ☹ nein	☺ ja ✗ ☺ teils ☹ nein	☺ ja ☺ teils ☹ nein ✗	☺ ja ✗ ☺ teils ☹ nein

Ich habe es heute gut geschafft, weil:	Ich zu mir gesagt habe: Bleib dran.		Die Aufgaben leicht waren.		Ich voll konzentriert war und alles konnte.
Um es morgen wieder gut zu machen, werde ich:	Mir für morgen vornehmen, wieder konzentriert dranzubleiben.		Mir klar machen, welche Vorteile es hat, wenn ich gut lerne.		Die Aufgaben Schritt für Schritt in Ruhe bearbeiten.
Ich habe es heute nicht oder noch nicht so gut geschafft, weil:		Ich keine richtige Lust hatte.		Ich mich geärgert habe, weil ich in Physik nicht durchblickte. Dann hatte ich keine Lust mehr.	
Um es morgen besser zu machen, werde ich:		Mir vornehmen, mich gut anzustrengen.		Mich auch durch schwierige Aufgaben nicht aus dem Konzept bringen lassen.	

diesem Buch nicht weiterhelfen, dann könnte es hilfreich sein, wenn Sie eine schulpsychologische Beratungsstelle oder den Beratungslehrer der Schule Ihres Kindes kontaktieren.

Unterstützen Sie Ihr Kind dabei, dass seine Lernphase ein Erfolg wird

Wenn ein Kind seine Lernphase enttäuscht abschließt, dann hängt das oft damit zusammen,

- dass es die für das Lernen nötige Zeit unterschätzt und bereits Freizeit »im Kopf« hat, obwohl die Lernphase noch nicht abgeschlossen ist
- dass es sich zu hohe Ziele setzt
- dass seine Eltern zu hohe Erwartungen an die Kompetenzen und an die Arbeitshaltung ihres Kindes haben
- dass es sich selbst überschätzt
- dass es übersieht, dass Schwierigkeiten zum Lernen gehören.

Was können Sie tun?

Wie Sie Ihr Kind bei einer realistischen Zeitplanung unterstützen

Wenn ein Kind sich mit den Hausaufgaben schwertut, will es verständlicherweise schnell damit fertig werden. Damit ist neues Scheitern vorprogrammiert. Denn meist wird es halt nicht so schnell fertig, wie es sich das wünscht. Vor allem wenn dann Schwierigkeiten auftauchen, verliert das Kind schnell die Geduld. Eine realistische Hausaufgabenplanung ist daher unerlässlich. Dazu gehört, dass es abschätzen lernt, wie viel Zeit es vermutlich für jedes einzelne Fach aufwenden muss. Der Zeitplan sollte auch Zeitbudgets vorsehen für

- das Einrichten des Arbeitsplatzes
- die eigene Kontrolle des Bearbeiteten nach jedem Zwischenschritt
- routinemäßiges Wiederholen, wie z. B. dreimal pro Woche englische Vokabeln
- die längerfristige Vorbereitung von Prüfungen
- das Ausfüllen von Wochenplan und Lerntagebuch
- das Vorbereiten der Schulsachen für den nächsten Tag.

Ihr Kind sollte lernen, diese einzelnen Arbeitsschritte in seinem Wochenplan einzutragen. Damit macht es für sich selbst transparent, welche einzelnen Schritte in der Lernphase bearbeitet werden müssen. Dazu braucht es notfalls, beziehungsweise je nach Alter, Ihre Unterstützung.

Vielen Kindern, aber auch Jugendlichen, fällt es schwer abzuschätzen, wie viel Zeit ein Arbeitsschritt, wie beispielsweise Mathematik lernen, erfordert. Wenn sie aber die dafür nötige Zeit intuitiv unterschätzen, dann führt das schnell zu inneren Zielkonflikten, wenn sie sich bereits andere Dinge vorgenommen haben und nun erkennen müssen, dass ihre Zeitplanung unrealistisch war. Deshalb ist es hilfreich, wenn Ihr Kind zu Beginn einer Aufgabe schätzt, wie lange es dafür vermutlich braucht und diese Zeit in seinem Wochenplan einträgt. Mit der Zeit erhält es allmählich ein besseres Gespür dafür, wie viel Zeit welche Arbeiten beanspruchen, auch wenn es sich sehr oft verschätzt.

Wie Sie Ihr Kind beim Setzen von Zielen unterstützen

Kinder und Jugendliche überschätzen sich gerne und unterschätzen die Schwierigkeiten, die Lernen und Hausaufgaben mit sich bringen. Lernen und Hausaufgaben bearbeiten kosten aber Zeit, Energie und Durchhaltevermögen. Was beispielsweise das Bearbeiten von Mathematikaufgaben anbelangt, so liegt es in der Natur dieses Fachs, dass die Lösung der jeweiligen Aufgabe nicht auf den ersten Blick ins Auge springt. Das Gegenteil ist der Fall. Die Aufgaben lassen sich nur durch sorgfältiges Nachdenken und Überlegen lösen. Das kostet Energie und Zeit. Dabei sind Fehler und Rückschläge einzukalkulieren. Das verdrängen viele Schüler.

Was Sie tun können:

- Sprechen Sie mit Ihrem Kind darüber, dass Lernen oft anstrengend ist. Dass dabei unweigerlich Fehler auftreten. Dass es normal ist, wenn man dann enttäuscht ist. Und vor allem: Dass das alles kein Grund ist, die Flinte ins Korn zu werfen.
- Helfen Sie Ihrem Kind dabei, sich realistische Ziele zu setzen, wie zum Beispiel: »Ich kontrolliere nach jedem Arbeitsschritt, ob ich alles richtig erledigt habe.« Ein wenig realistisches Ziele wäre: »Ich nehme mir vor, mich im nächsten Jahr im Deutschen um zwei Noten zu verbessern.« Denn selbst wenn das Kind sehr gut lernt, könnte es geschehen, dass es dieses Ziel nicht erreicht.

Ziele bezüglich Schule, Lernen und Hausaufgaben sollten an erster Stelle die Verbesserung der Lern- und Arbeitshaltung ins Visier nehmen – und die erfordert Geduld und geschieht Schritt für Schritt.

Zeigen Sie Ihrem Kind, dass es sich verbessern kann

Als Frau Kunz mit Andreas zu Hause ein Diktat übt, wimmelt es nur so von Fehlern. Frau Kunz nimmt es ruhig zur Kenntnis und lässt Andreas alle falsch geschriebenen Wörter in seine Lernkartei eintragen. In den folgenden Tagen übt sie mit ihm regelmäßig diese schwierigen Wörter. Dann kündigt sie den zweiten Test an: »Ich möchte, dass wir heute noch mal das gleiche Diktat schreiben.« Andreas hat dazu keine Lust. Aber Frau Kunz besteht darauf. Dann lässt sie Andreas sein Diktat selbst korrigieren. Natürlich gibt es immer noch einige Fehler, aber deutlich weniger als beim ersten Diktat.

Schließlich bittet Frau Kunz Andreas sein erstes Diktat mit seinem letzten zu vergleichen. Andreas sucht die Wörter heraus, bei denen er sich verbessert hat. Dann sprechen sie kurz darüber, warum: Natürlich, weil er gut geübt hatte.

Beweisen Sie Ihrem Kind, dass es sich verbessern kann, wenn es übt. Je konkreter, desto besser.

Positive Emotionen durch Kompetenzerleben

Fachleute drücken sich gerne kompliziert aus. Aber dieser Zusammenhang ist so wichtig, dass wir ihn hier vertiefen müssen. Gemeint ist, dass wir uns gut fühlen, wenn wir etwas Anstrengendes geschafft haben.

Und wie erklärt Frau Kunz Andreas diesen Zusammenhang? Gar nicht. Aber sie spendiert ihm eine Tasse heiße Schokolade und fragt dann ganz interessiert: »Und wie geht es dir jetzt, nachdem du es geschafft hast?«

Es ist nicht wichtig, dass Andreas jetzt lang und breit seine Emotionen beschreibt. Sondern dass sich sein Blick für den Zusammenhang zwischen Anstrengung und positiven Emotionen schärft.

Sprechen Sie mit Ihrem Kind darüber, wie gut man sich fühlt, wenn man etwas Schwieriges oder Anstrengendes geschafft hat.

Dann bleibt es eher dran, wenn es mal zäh wird.

Und wenn Ihr Kind eine gute Note nach Hause bringt, weil es gut gelernt hat, dann können Sie es fragen: »Und, wie fühlt sich die gute Note für dich an?« Und Ihr Kind darf jetzt ruhig auch mal richtig stolz auf sich sein.

Signalisieren Sie Ihrem Kind, dass Sie daran interessiert sind, dass es lernt, wie man lernt

Besonders gut fördern Sie die Lernentwicklung Ihres Kindes, indem Sie auf das hinweisen, was Ihr Kind schon kann oder gerade dabei ist zu lernen, z. B.:

- »Du kannst jetzt schon ganz allein deine Englisch-Vokabeln lernen – prima.«
- »Maria, du hast schon gelernt, deine Aufgaben zur schriftlichen Division selbst zu überprüfen – toll, wie du das machst.«
- »Heute hast du zum ersten Mal einen Plan gemacht, welche Hausaufgaben du aufhast und in welcher Reihenfolge du deine Aufgaben löst – mach weiter so.«
- »Heute hast du beim Überprüfen der Nacherzählung zwei Rechtschreibfehler gefunden und sie ganz alleine korrigiert – darüber habe ich mich sehr gefreut!«
- »Toll, Rafael, wie du jetzt schon ganz alleine mit deiner Lernkartei lernst!«

> Geben Sie Feedback möglichst konkret, statt allgemein wie z. B. »Das war gut«.

Schriftliches Feedback geben

Geben Sie Ihrem Kind hin und wieder ein schriftliches Feedback. Das wirkt stärker als ein mündlich vorgetragenes Lob.

Richten Sie dieses Feedback auf zentrale Aspekte des selbstständigen Lernens und nicht auf die Noten der Klassenarbeiten.

- »Heute hast du wirklich dein Bestes gegeben – darüber freuen wir uns!«

- »Ich hab doch gewusst, dass du deine Aufgaben alleine schaffst, wenn du dich anstrengst.«

- »Heute hast du dich wirklich gut angestrengt – wie hast du es geschafft, so gut durchzuhalten?«

- »Schön, dass du gestern nach den Hausaufgaben noch alle deine Schulsachen für den heutigen Tag vorbereitet hast – schaffst du das heute auch wieder so gut?«

- »Heute hast du die Aufgaben geschafft, weil du dich angestrengt hast – das war klasse.«

- »Prima, wie du dein Lernziel bei deinen Mathematikaufgaben erreicht hast. Du hast jede Textaufgabe in Ruhe zweimal durchgelesen! Das schaffst du auch beim nächsten Mal. Wenn du dir das wieder so gut vornimmst wie heute!«

- »Englisch war wirklich schwer – trotzdem hast du durchgehalten. Du bist auf dem richtigen Weg!«

- »Julian, das war prima, dass du heute zwei Extra-Aufgaben freiwillig bearbeitet hast.«

- »Gute Idee, schon heute auf die Mathe-Prüfung nächste Woche zu lernen. Wenn du so weitermachst, dann bist du am Schluss wirklich gut vorbereitet.«

- »Dass du heute die schwierige Mathe-Aufgabe gelöst hast, war doch super – ich glaube, du kannst mehr als du manchmal denkst« – vor allem bei einem Kind, das sich selbst wenig zutraut.

- »In den letzten Tagen bist du immer mit fertig erledigten Hausaufgaben in die Schule. Hast du bemerkt, dass das viel cooler ist, als wenn man nur einen Teil seiner Hausaufgaben dabei hat? So hast du es doch viel entspannter« – zu einem Kind, das vor einiger Zeit seine Hausaufgaben nur unvollständig erledigt hat.

> Geben Sie Ihrem Kind mündliches und schriftliches Feedback. Stellen Sie dabei seine Entwicklung hin zur Selbstständigkeit in den Mittelpunkt.

Indirektes Lob

Frau Kunz berichtet ihrem Partner beim Abendessen von Andreas' Fortschritt. Sie sagt zu ihm: »Heute waren die Mathe-Aufgaben aber wirklich schwer. Aber Andreas hat ruhig und überlegt daran gearbeitet und immer mal eine kurze Pause gemacht, sich entspannt und in Ruhe nachgedacht. Das ist der beste Weg, um so schwierige Aufgaben zu lösen. Das hat er ganz Klasse gemacht.« Und Andreas sitzt dabei und hört mit gespitzten Ohren zu.

> Indirektes Lob ist besonders nachhaltig.

Indirektes Lob bedeutet, dass zwei oder mehr Personen positiv über eine dritte anwesende Person, in diesem Fall Andreas, sprechen. Frau Kunz und ihr Partner sprechen ihn aber nicht direkt an, sondern sie reden über ihn. Andreas folgt dem Gespräch aus einer gewissen Distanz, was ihm erlaubt, aufmerksam zuzuhören.

> Es gibt bessere Motivationsmethoden als immer wieder zu sagen: »Streng dich mehr an.« Und die können Sie lernen.

Lerncoaching ist immer wieder auch kluges Motivieren.

An erster Stelle sind und bleiben Sie Eltern

Sie haben jetzt schon viel zum Thema Lernen und Hausaufgaben gelernt. Das Wichtigste aber ist, dass Sie Ihre Rolle als Eltern behalten und nicht zum Hilfslehrer für Ihr Kind werden! Kurzzeitig mag es wegen Hausaufgaben, Lernen und Schule auch mal Spannungen zwischen Ihnen und Ihrem Kind geben. Das ist normal und noch nicht tragisch, weil diese Themen für manche Kinder quälend und uninteressant sind. Dadurch erhalten sie ein hohes Konfliktpotential. Langfristig gesehen sollten Sie jedoch alles dafür tun, damit die Beziehung zwischen Ihnen und Ihrem Kind nicht unter der Schule leidet.

Wenn alle Stricke reißen

Sie haben alles versucht und trotzdem bleibt die Hausaufgabensituation ein Dauerbrenner, der Ihre ganze Familie belastet. Das soll sich in Zukunft ändern. Was jetzt?

Sie haben folgende Möglichkeiten:

- Sie ziehen sich aus den Hausaufgaben komplett zurück. Ihr Kind erledigt seine Hausaufgaben bei einer Freundin oder einer guten Nachbarin. Im Tausch begleiten Sie deren Kind bei dessen Hausaufgaben. Auch Großeltern können sich für diese Aufgabe sehr gut eignen. Auch wenn Sie die Hausaufgaben delegiert haben, so behalten Sie natürlich trotzdem die schulische Entwicklung Ihres Kindes im Blick.
- Sie wenden sich an eine professionelle Beratungsstelle wie einen schulpsychologischen Dienst oder einen Beratungslehrer aus der Schule Ihres Kindes.

Stellen Sie sich bitte vor, Sie seien ein Schüler, dem Lernen und Schule richtig lästig sind. Gestern waren die Hausaufgaben mal wieder besonders ätzend. Mit größter Kraft haben Sie einen Teil geschafft, aber dann war wirklich Ihr Akku komplett leer. Sie haben alles in Ihre Schultasche gepackt und darauf gehofft, dass Ihr Lehrer Ihr Versäumnis übersehen würde. Natürlich hat er es gleich bemerkt. Und Ihnen eine Strafarbeit aufgegeben, die Sie auch noch zu Hause unterschreiben lassen müssen. Das hat gerade noch gefehlt. Was, wenn mir jetzt meine Eltern auch noch den Disco-Besuch vom Samstag streichen, fällt Ihnen plötzlich ein? Diese Schreckvorstellung beflügelt allerdings sofort Ihre Phantasie. Ihr Gehirn arbeitet auf Hochtouren. Mit welcher Geschichte könnten Sie sich am besten rausreden? Und schon haben Sie eine Idee. Noch bevor Sie Ihren Eltern von der Strafarbeit berichten, stellen Sie erst mal den Lehrer in ein schlechtes Licht. »Wieder hat heute keiner verstanden«, so beklagen Sie sich bitter beim Mittagessen, »was Schneider in Mathe erklärt hat. Der kann einfach nichts erklären. Dabei hab ich mich so angestrengt und aufgepasst. Dann gibt er Aufgaben auf, die keiner lösen kann. Und regt sich noch auf, weil wir die Aufgaben nicht gemacht haben«, platzt es jetzt echt empört aus Ihnen heraus. Ihre Eltern sind beeindruckt. Das war eine klasse Vorstellung, so Ihre innere Bilanz.

Stellen Sie sich jetzt bitte vor, dass es bei dieser Geschichte um Ihr Kind geht. Auch Kinder mit Lernschwierigkeiten sind nicht auf den Kopf gefallen! Ihr Kind würde Ihnen gegenüber doch wohl kaum zugeben: »Ich hab meine Hausaufgaben gestern nur zur Hälfte gemacht, weil ich zu mehr keine Lust hatte.« Jedes Kind weiß, dass eine solche Version bei Eltern ganz schlecht ankommt. Da ist es doch aus Sicht eines Kindes schon viel besser, zu versuchen, den Eltern eine ganz andere Geschichte aufzutischen. Und die Schuld gleich mal auf den Lehrer zu schieben, ist eine gute Strategie.

Und jetzt? Würden Sie diese Geschichte glauben, wenn Sie sie von Ihrem Kind beim Abendessen hören würden? Warum nicht, denken Sie vielleicht. Woher soll ich wissen, dass sich das ganz anders zugetragen hat. Das können Sie auch nicht wissen. Und der Lehrer Ihres Kindes hat auch keine blasse Ahnung davon, was Ihnen Ihr Kind zu Hause auftischt.

Auch relativ unbedeutende Anlässe können schnell gravierende Folgen haben. Wenn Sie die Geschichte Ihres Kindes glauben, dann kann das

- schnell Ihre Beziehung zu diesem Lehrer beschädigen
- Sie zur Meinung kommen lassen, dass dieser Lehrer schlecht sei.

Dabei war alles erfunden.

Rechnen Sie damit, dass nicht immer alles exakt der Realität entspricht, was Ihr Kind zu Hause über Schule und Lehrer berichtet.

Die meisten Kinder wissen intuitiv, wie sie ihre Eltern beeinflussen können. In diesem Fall wird das Kind versuchen, Eltern und Lehrer auch in Zukunft gegeneinander auszuspielen. Dadurch reduziert sich aber der Erziehungseinfluss der Eltern auf ihr Kind, das weniger lernt.

Wenn Schüler mit dem Lernen Schwierigkeiten haben, dann wird Schule und Lernen für Eltern und Lehrer schnell zu einem explosiven Minenfeld. Dagegen hilft nur eins: Eine gute Kooperation von beiden Seiten.

Das bedeutet, dass auch Sie Ihren Teil zu einer guten Kooperationsbeziehung beitragen.

Vielleicht denken Sie jetzt: »Auch das noch, bei diesen Lehrern!« Natürlich gibt es Lehrer, an denen Kritik berechtigt ist. Aber selbst wenn Sie mit solch einem Lehrer in Konflikt geraten, nützt das Ihnen? Letztlich haben Sie nur Nachteile:

- Ihr Kind lernt weniger.
- Sie haben weniger Einfluss auf Ihr Kind.
- Und Sie erleiden einen Autoritätsverlust gegenüber Ihrem Kind. Denn das denkt, wenn auch nicht bewusst: »Meine Eltern sind aber leicht zu manipulieren.«

Das wollen Sie alles nicht.

1 Wie Ihr Kind von einer guten Zusammenarbeit zwischen Ihnen und dem Lehrer profitiert

Die meisten Eltern nutzen das Potential einer guten Kooperation mit dem Lehrer viel zu wenig. Dabei können alle sehr davon profitieren, wie die folgenden Beispiele zeigen.

- **Der Lehrer kann Ihrem Kind Stoff erklären, den es noch nicht ganz verstanden hat:**

Wenn Ihr Kind beispielsweise die Kreisberechnung noch nicht ganz verstanden hat, dann können Sie, nach Rücksprache mit Ihrem Kind, eine Notiz in seinem Hausaufgabenheft anbringen: »Tabea hat die Kreisberechnung noch nicht ganz verstanden – können Sie es ihr bitte noch einmal erklären? Danke«

- **Ihr Lehrer kann Ihr Kind dabei unterstützen, zu Hause selbstständiger zu lernen:**
  Wenn Sie zum Beispiel feststellen, dass es Ihrem Sohn schwerfällt, selbstständig zu lernen, könnten Sie, nach Rücksprache mit Ihrem Kind, ein Gespräch mit dem Lehrer vereinbaren, und den Lehrer darum bitten, dass er Fabian Lernstrategien vermittelt, die er dann selbst, mit Ihrer Unterstützung, zu Hause einübt. Natürlich nimmt Fabian auch an diesem Gespräch teil.

- **Sie können sich selbst Lern-Tipps geben lassen:** Sie könnten den Lehrer anrufen und sagen: »Mario fällt es schwer, seine Vokabeln zu lernen. Können Sie mir Tipps geben, wie ich ihm dabei helfen kann? Danke«

- **Der Lehrer kann Ihnen dabei helfen, die soziale Integration Ihres Kindes in der Klasse zu unterstützen:** Sie bitten den Lehrer um ein Gespräch. Dann könnten Sie beispielsweise sagen: »Daniel fühlt sich in der Klasse nicht so wirklich wohl. Haben Sie das auch schon beobachtet? Gibt es etwas, was er anders machen könnte, um sich besser zu integrieren? Wie können wir ihm dabei helfen? Können Sie ihm dabei helfen, sich mit seinen Klassenkameraden besser anzufreunden? Wie können wir Ihre Arbeit unterstützen?«

Wenn Sie mit dem Lehrer Ihres Kindes eng zusammenarbeiten, fällt es dem Lehrer leichter, Ihnen gegenüber offen bezüglich

Ihres Kindes zu sein. Das hat für Sie den Vorteil, dass Sie ein besseres Bild darüber erhalten, wie sich Ihr Kind in der Schule verhält. Erst das versetzt Sie in die Lage, Ihr Kind entsprechend zu korrigieren, falls Sie das für angebracht halten.

2 Bieten Sie dem Lehrer Ihre Zusammenarbeit an

Lehrer möchten letzten Endes mit Ihnen zusammenarbeiten, selbst wenn das nicht immer so direkt erkennbar für Sie ist. Am besten ist es, wenn Sie nicht darauf warten, bis der Lehrer den ersten Schritt tut, sondern wenn Sie selbst aktiv werden.

Das können Sie konkret tun:

- **Bieten Sie dem Lehrer Ihre Unterstützung an:** Fragen Sie den Lehrer Ihres Kindes ganz einfach direkt: »Wie können wir Sie unterstützen? Gibt es etwas, was wir für Sie tun können?«

- **Geben Sie dem Lehrer positives Feedback:** Wir alle freuen uns über echte Anerkennung und positive Rückmeldung, auch der Lehrer. Melden Sie ihm Positives zurück, am besten, wenn Ihr Kind etwas Positives von der Schule berichtet oder wenn er gestern eine interessante Aufgabe gestellt hat. Sie können die Rückmeldung sofort in Ihr Kontaktheft schreiben oder ihm per Mail zusenden. Oder Sie rufen ihn schnell an. Das ist für Sie ein Zeitaufwand von drei Minuten. Verbinden Sie diese Rückmeldung aber nicht mit Kritik, die Ihnen aus der Vergangenheit noch auf dem Magen liegt.

- **Betonen Sie Ihre Kooperationsbereitschaft:** Sie könnten sagen: »Es ist uns ein Anliegen, mit Ihnen zusammenzuarbeiten. Vor allem ist uns wichtig, dass Sie uns schnell darüber informieren, wenn es etwas Auffälliges oder Wichtiges mit

Tamara gibt. Wir sind gerne bereit, Ihren Unterricht zu unterstützen. Gibt es etwas, was Sie über Tamara wissen möchten?«

- **Bringen Sie einen Vertrauensvorschuss ein:** So könnten Sie vorgehen: »Ehrlich gesagt, Loredana tut sich mit der Schule eher schwer. Sie macht nicht gerne ihre Hausaufgaben und ging in letzter Zeit auch nicht gerne in die Schule. Wir möchten Ihnen das mitteilen, weil es uns Sorgen macht. Wenn Sie Ideen haben, wie wir ihr mit Schule und Lernen helfen können, sind wir dankbar. Letztes Jahr hat sie sogar ein paarmal wegen der Hausaufgaben geschwindelt, die sie nicht gemacht hatte. Das war für uns alle schwierig. Dürfen wir Sie darum bitten, uns entsprechende Beobachtungen Ihrerseits schnell mitzuteilen?«

Engagieren Sie sich aktiv für eine gute Zusammenarbeit mit dem Lehrer, selbst wenn das nicht immer einfach ist. Denken Sie daran, dass Sie alle davon profitieren.

3 Voraussetzungen einer gelingenden Kooperation zwischen Elternhaus und Schule

Gespräche zwischen Lehrer und Eltern scheitern fast immer dann, wenn sich einer von beiden in den Zuständigkeitsbereich des anderen einmischt. Selbst wenn das gut gemeint sein sollte. Natürlich schätzen Sie es nicht, wenn sich der Lehrer Ihres Kindes in Ihre Familie oder Ihre Erziehung einmischt, indem er Sie beispielsweise darüber belehrt, dass Sie Ihr Kind zu lange fernsehen lassen.

Genauso wenig schätzt es der Lehrer, wenn Sie ihm Hinweise geben, wie oder was er unterrichten sollte. Lassen Sie Ratschläge an die Adresse des Lehrers am besten weg, selbst wenn sie aus Ihrer Sicht doch mehr als einleuchtend sind.

> Für den Unterricht und dafür, wie der Lehrer seine Klasse managt, ist der Lehrer zuständig. Für Ihre Familie und dafür, wie Sie erziehen, sind Sie zuständig.

1 Eltern – Hauptfaktor für Schulerfolg

Die US-amerikanische Forschung hat schon in den 60er Jahren erkannt, dass die Eltern einen fundamentalen Einfluss auf die Schulleistungen ihrer Kinder ausüben.

Wie hat man sich das vorzustellen? Immerhin lernen Schüler die meiste Zeit in der Schule und nicht zu Hause. Wie sollen denn die Eltern unter diesen eingeschränkten Umständen das Lernen ihres Kindes beeinflussen können? Und das auch noch fundamental?

Stellen Sie sich vor, wir lebten in einer Gesellschaft von Jägern. Bereits kleine Kinder dürfen ihre Väter, Onkel, ältere Brüder und andere Jäger auf kleinere Jagdausflüge begleiten. Dabei beobachten sie die Jäger dabei, wie sie ihren Beruf ausüben. Alles, was die Jäger tun, vermittelt den Kindern: Jagen ist keine Fun-Aktivität, sondern ein besonders bedeutungsvoller Vorgang. Das nehmen die Kleinen als Erstes auf. Die Vorbereitung auf die Jagd, der Aufbruch zur Jagd, die Jagd an sich, das Anpirschen oder Warten aufs Wild, die einzigartige Art und Weise, in der sich die Jäger aufs Wild fokussieren – all das vermittelt den Kindern eins: Wir nehmen an einem besonders bedeutsamen Ereignis teil. Wenn dann am Abend am Feuer die Beute den Hunger aller stillt, die Jäger noch einmal die bedeutsamsten Phasen des Jagdgeschehens detailliert Revue passieren lassen, die Ausdauer und Geschicklichkeit der einzelnen Jäger positiv hervorheben und alle Beteiligten andächtig lauschen, dann verstärkt dies noch einmal den Eindruck der Kinder: Hier geht es um die zentralsten Dinge unseres Lebens.

Ein weiteres Mal nehmen sie intuitiv die besondere Bedeutung der Jagd und des gesamten Geschehens darum herum, wie zum Beispiel das Herstellen eines Wurfspießes, auf. Ein weiteres Mal wächst ihre Identifikation mit den Jägern.

Diese einzigartige Form von Empowerment versetzt die Kleinen in einen optimalen Aufnahme- und Lernzustand, wie Bildungsforscher sagen würden. Sie sind jetzt so motiviert, dass sie bereit sind, alles, was für die Jagd nötig ist, zu lernen und sogar unter größten Entbehrungen alles zu tun, um selbst erfolgreiche und ruhmreiche Jäger zu werden.

Eltern, Clan, Sippe – alle tragen wesentlich dazu bei, dass diejenigen, die später einmal für das Schicksal des Clans verantwortlich sein werden, optimale Lernbedingungen vorfinden.

Und das ist im Prinzip so ähnlich wie elterlicher Einfluss aufs Lernen.

Selbst wenn diese Kinder das Jagen nicht von ihren Eltern, sondern in einer Jagdschule lernen würden, wären sie jetzt optimal aufs Lernen vorbereitet. Die Lernforschung würde sagen: Die Eltern haben die Lernvoraussetzungen der Kinder optimal gefördert. Wenn sie jetzt in die Jagdschule kämen, hätten sie beste Chancen, erfolgreiche Jagdschüler zu werden.

Elterlicher Einfluss auf die Lesekompetenz

Ähnlich wie unsere Urahnen die Jagdkompetenz ihrer Kinder förderten, können Eltern die Lesekompetenz ihres Nachwuchses positiv beeinflussen. Vieles davon geschieht, lange bevor die Kinder das erste Mal ihre Schule betreten.

Dabei spielen vor allem gemeinsame sprachliche Aktivitäten von Eltern und Kind eine besondere Rolle, wie zum Beispiel Lieder singen, sich an Wortspielen erfreuen, Vorlesen und gemeinsam darüber sprechen, Geschichten erzählen usw. Ebenfalls von Bedeutung ist, ob die Eltern selbst lesen, ob sie Bücher zu Hause haben und ob sie eine positive Haltung gegenüber dem Lesen ausstrahlen. Gemäß Bildungsforschern ist eine positive innerfamiliäre Lesekultur die wirksamste Instanz der Lesesozialisation des Kindes.

Also in etwa ähnliche Zusammenhänge, wie wir sie oben bei unseren Urahnen gefunden haben.

Elterlicher Einfluss auf die Mathematikkompetenz

Das Beispiel unserer Vorfahren macht auf einen anderen Einflussfaktor der Eltern auf die Schulleistung aufmerksam, der sich beispielsweise im Fach Mathematik zeigt: das Wissen und die Kompetenz der Eltern. Natürlich hatten die Kinder unserer Vorfahren höhere Chancen, gute Jäger zu werden, wenn ihre Eltern selbst ausgezeichnet mit ihrem Jagdgerät hantieren konnten.

Ähnliche Zusammenhänge finden sich bezüglich des elterlichen Einflusses auf das Fach Mathematik. Eltern, die selbst in Mathe gut sind, beeinflussen die Mathematikkompetenz ihrer Kinder positiv. Vermutlich spielen folgende Faktoren ein Rolle: Eltern, die in Mathematik gut sind, legen Wert darauf, dass sich ihr Kind dort auch anstrengt. Und wenn es bei den Hausaufgaben nicht weiterkommt, können sie gezielt helfen.

Elterlicher Einfluss auf die Basisfaktoren für erfolgreiches Lernen

Dass Eltern großen Einfluss auf eine ganze Reihe anderer schulisch bedeutsamer Faktoren haben, braucht jetzt eigentlich nicht mehr extra erwähnt zu werden. Natürlich beeinflussen sie,

- wie das Kind für Schule und Lernen motiviert ist
- ob es bei Schwierigkeiten aufgibt oder durchhält
- was es für ein Selbstkonzept entwickelt, also ob es der Auffassung ist, seine Mathematikaufgaben selbst lösen zu können oder ob es davon überzeugt ist, in Mathe gar nichts zu können
- wieweit es selbstständig lernen kann
- ob es gezielt Lernstrategien anwendet, wie zum Beispiel, dass es beim Bearbeiten eines Textes zunächst die Überschrift liest und davon ausgehend Hypothesen darüber bildet, welchen Inhalt der Text haben könnte
- ob es leistungsorientiert ist
- wie es ihm gelingt, schulische Fehler und Misserfolge zu überwinden.

2 Fleiß und Wissen – wichtiger als Intelligenz?

Ist Fleiß so wichtig wie Intelligenz?

Lange war man der Ansicht, dass vor allem die Intelligenz eines Schülers dafür ausschlaggebend sei, ob er es in der Schule leicht oder schwer hat.

Dann zeigte sich, dass noch andere Faktoren für den Schulerfolg von Bedeutung sind. Und zwar an erster Stelle die Lern-

und Arbeitshaltung. Darunter versteht man beispielsweise, ob ein Schüler für Lesen, Schreiben und Rechnen motiviert ist, ob er während des Unterrichts aufpasst, seine Hausaufgaben gut macht, ob er bei auftretenden Schwierigkeiten weiterlernt und Ähnliches.

Ein kurzes Beispiel verdeutlicht Ihnen den Zusammenhang: Nehmen wir einen Schüler mit ausgezeichneter Intelligenz. Wenn dieser Schüler in der Schule nie aufpasst und aus dem Fenster schaut, wenn der Lehrer etwas Wichtiges erklärt und nie Hausaufgaben macht, dann nützt diesem Schüler seine hohe Intelligenz wenig. Er wird schlechte Schulleistungen zeigen.

Umgekehrt kann ein Schüler mit einer nur mäßigen Intelligenz durchaus gute Schulnoten erzielen, wenn er im Unterricht gut aufpasst, seine Hausaufgaben macht, sich anstrengt und von seinen Eltern und seinem Lehrer gut unterstützt wird.

> **Nach wie vor gilt: Übung macht den Meister.**

Im Jahr 2005 erschien eine zukunftsweisende Studie über die Bedeutung der Lern- und Arbeitshaltung mit dem Titel: »Self-Discipline Outdoes IQ in Predicting Academic Performance of Adolescents«, auf Deutsch etwa: »Selbstdisziplin schlägt IQ bei der Voraussage der schulischen Leistung Jugendlicher«. Angela Duckworth untersuchte dort den Zusammenhang zwischen Schulleistung und Intelligenz. Dazu arbeitete sie auch mit unterprivilegierten Schülern. Sie konnte zeigen, dass für ihre schlechten Schulleistungen nicht etwa ihre Intelligenz ausschlaggebend war, sondern ihre Einstellung und ihre mangelnde Ausdauer. Diese Schüler hielten wenig von Schule und Lernen, übten wenig oder gar nicht und warfen nach Misserfolgen schnell die Flinte ins Korn. Deshalb waren sie viel schlechter als ihre Mitschüler.

Dann untersuchte sie Schüler, die in verschiedenen Fächern überdurchschnittliche Schulleistungen zeigten. Wieder barg das Ergebnis eine Überraschung. Natürlich waren zahlreiche dieser Schüler sowohl intelligent als auch ehrgeizig und ausdauernd. Aber es gab unter diesen sehr guten Schülern auch einige, die keineswegs besonders intelligent waren. Was erklärte ihren Erfolg? Ihre Ausdauer und ihr Durchhaltevermögen. Sie gaben bei Schwierigkeiten nicht sofort auf. Sondern sie waren fleißig und besonders ausdauernd.

Deshalb sagen Lernforscher wie Stern (2009): Fleiß schlägt Intelligenz.

> Für den Schulerfolg eines Schülers ist seine Lern- und Arbeitshaltung mindestens ebenso wichtig wie seine Intelligenz.

Warum ist eine gute Wissensbasis so wichtig?

Wissen hat keinen guten Ruf. Vor allem, weil Wissenserwerb Anstrengung verlangt. Es mag für die bedauernswerten Menschen im Mittelalter, die noch ohne die Vorteile von Internet, Google und Wikipedia ihr Dasein fristen mussten, von Bedeutung gewesen sein. Der moderne Mensch hingegen, so die Laienmeinung, kann sich heute doch das sture Pauken, das Teil des Wissenserwerbs darstellt, ersparen.

Intelligenz, so meinen die meisten, sei entscheidend, wie weit wir es im Leben bringen. Und wenn ihr Kind intelligent ist, wovon die meisten Eltern ausgehen, warum soll es sich dann mit dem sturen Pauken allerlei Lernstoffs herumschlagen?

Wie wichtig Wissen ist, zeigt die Expertiseforschung. Sie untersucht Personen, die auf bestimmten Gebieten, wie zum Beispiel Schach, Musik, Mathematik oder Naturwissenschaften

Höchstleitungen erbringen und vergleicht diese mit sogenannten Novizen. Unter Novizen versteht man hier nicht komplette Anfänger, sondern Personen, die ein Gebiet, wie beispielsweise Schach, zwar beherrschen, allerdings nicht auf professionellem Niveau.

Die übereinstimmenden Ergebnisse der zahlreichen Studien bargen eine faustdicke Überraschung: Experten unterscheiden sich von Novizen nicht durch ihre Intelligenz, sondern durch ihr Wissen. Warum? Weil sie sich jahrelang intensiv mit ihrem Gebiet beschäftigt haben. Wie zum Beispiel Anne-Sophie Mutter, Boris Becker, Jürgen Klinsmann, Wayne Rooney, um nur einige zu nennen. Wayne Rooney macht den ganzen Tag am liebsten eins, nämlich Fußball spielen. Er ist der aktuell wichtigste Spieler der englischen Nationalmannschaft.

Talentierte Menschen sind vor allem eins: Trainingsweltmeister – und zwar bereits in ganz frühen Jahren. Jürgen Klinsmann beispielsweise fiel es als Kind schwer, sich von Bällen zu trennen. Von Anne-Sophie Mutter ist bekannt, dass sie sich bereits im zarten Alter von vier oder fünf Jahren lieber mit Geigenspielen beschäftigte als, wie für ihre Altersgenossen typisch, sich im Sandkasten mit Sieb und Schaufel zu vergnügen.

Natürlich sind Experten in vielen Bereichen auch überdurchschnittlich intelligent. Ein unterdurchschnittlich intelligenter Physik- oder Mathematikprofessor ist schwer denkbar. Aber während fehlendes Wissen nicht kompensierbar ist, können mögliche Defizite bei der Intelligenz durch intensives Üben weitgehend ausgeglichen werden.

Dass es viele Vorteile hat, viel zu wissen, ist eigentlich nicht so überraschend. Und gilt auch für die Schule:

• Wenn ein Kind in einem Zeitungsartikel auf den Namen »Merkel« stößt und weiß, dass damit vermutlich die deutsche Bundeskanzlerin gemeint ist, dann hilft ihm dieses Hintergrundwissen dabei, den Inhalt dieses Artikels schneller aufzunehmen, als wenn es das nicht weiß oder wenn es meint, »Merkel« sei der Name des Trainers der Schweizer Fußballnationalmannschaft.

- Wer das Einmaleins beherrscht, profitiert davon zum Beispiel beim Kopfrechnen, beim Multiplizieren, beim Dividieren, bei den schriftlichen Rechenverfahren und wenn es darum geht, das Ergebnis einer Aufgabe abzuschätzen.

- Wer einen guten englischen Wortschatz hat, sprachtypische Redewendungen beherrscht und über die wichtigsten grammatikalischen Grundkenntnisse verfügt, profitiert davon im Englischen. Natürlich kann man beim Lesen eines englischen Textes auch jedes Wort zunächst einmal nachschauen – nur wird das Lesen so ziemlich mühsam. Und verstanden hat man danach nur wenig.

Wissenserwerb besteht nicht, wie viele meinen, in sturem Einpauken. Vielmehr sind folgende Zusammenhänge relevant:

- Wer bereits Wissen mitbringt, hat die besten Chancen dazuzulernen.

- Ein dichtes Wissensnetz hat den Vorteil, dass neue Information besser darin hängen bleibt. Oder anders gesagt, dass wir das Neue mit dem Alten besser verknüpfen können.

- Wissen muss automatisiert sein, damit unser Gehirn Kapazität frei hat, um Verstehensprozesse einzuleiten.

- Üben, zum Beispiel englische Vokabeln mit der Lernkartei, ist sinnvoll – soll aber immer wieder in sinnstiftendes Lernen eingebettet werden, also z.B. in den Alltag.

Natürlich kann Vokabeln oder Orthographie lernen, Kopfrechnen üben, Fakten in Geschichte oder Biologie lernen schnell langweilig werden. Deshalb gilt hier vor allem: Lieber kurz lernen, je nach Alter 10 bis 15 Minuten, aber dafür regelmäßig und häufig. Als nur hin und wieder mal lernen und dann ewig dransitzen.

> Lieber etwas kürzer lernen, aber dafür regelmäßig, häufig und konzentriert.

3 Häufige Fragen zu den Hausaufgaben

Erst seit kurzem untersuchen Wissenschaftler das Thema Hausaufgaben. Die wichtigsten Fragen und Antworten finden Sie hier.

Wie lernen, damit die Hausaufgaben etwas bringen?

Hausaufgaben bringen am meisten, wenn die Schüler engagiert und motiviert daran arbeiten. Je sorgfältiger und regelmäßiger ein Kind oder Jugendlicher lernt, umso besser. Es geht also nicht darum, lange Zeit vor den Hausaufgaben zu brüten, sondern lieber kürzer, engagiert und öfters zu lernen. Die Zeit sinnvoll zu nutzen.

Sollten die Hausaufgaben nicht immer interessant und spannend sein?

Grundsätzlich wäre das schön. Aber das ist im Schulalltag gar nicht möglich. Um Wissen zu erwerben und zu vertiefen, ist manchmal langweiliges Pauken kaum zu umgehen.

Beispielsweise ist es vielen Schülern erst einmal grundsätzlich gleichgültig, ob man »Sonne« groß oder klein oder mit einem oder zwei n schreibt. Interessanter ist für sie, ob im Sommer die Sonne scheint und ob sie ins Schwimmbad dürfen. Da sie aber die deutsche Rechtschreibung lernen sollen, müssen sie dies lernen – selbst wenn es nicht wirklich aufregend und spannend ist.

Dazu meinen die Lernwissenschaftler Trautwein und Lüdtke (2008): »Lehrer dürfen und müssen auch ›langweilige‹ Routineaufgaben und anstrengende, fordernde Individualaufgaben erteilen. Schüler sollen lernen, solche unangenehmen Herausforderungen unter Nutzung ihres Vorwissens und ihrer selbstregulativen Kompetenzen zu meistern.« (S. 247)

Wie lernen wir nachhaltig?

Wenn Ihr Kind etwas Neues gelernt hat, dann soll es dies natürlich nicht morgen oder in einer Woche schon wieder vergessen haben, sondern möglichst langfristig abspeichern. Das hängt natürlich auch davon ab, was und wie gut es lernt. Besonders gut lernen wir das, was wir interessant und persönlich bedeutsam finden. Und wenn wir uns dabei gut fühlen und ausgeruht und motiviert sind.

Unter diesen Voraussetzungen lernt man ein wenig, wenn man etwas nur hört, wie zum Beispiel bei einem Vortrag. Ein klein wenig mehr lernt man, wenn man den Inhalt nicht nur hört, sondern zusätzlich visuell unterstützt dargeboten erhält. Also wenn beispielsweise ein Vortragender einen bestimmten Inhalt zusätzlich anhand eines Schaubildes vertieft.

Richtig vertieft sich unser Lernen aber erst dann, wenn wir beispielsweise

- während eines Vortrages oder Films Notizen machen
- diese später überarbeiten, indem wir Wichtiges zusammenfassen

- Fragen zum behandelten Thema bearbeiten
- und besonders dann, wenn wir das, was wir gelernt haben, anderen erklären oder vortragen.

Was bedeutet nachhaltiges Lernen in Bezug auf Vokabeln lernen?

Das bedeutet, dass man beim Vokabelnlernen nicht nur das neue Wort anschaut und auswendig lernt, sondern auch
- dass man es aufschreibt
- dass man es laut vor sich hin spricht
- dass man beim Lernen vielleicht mal aufsteht und sich bewegt
- dass man beispielsweise beim Lernen englischer Vokabeln sowohl die Kombination Deutsch – Englisch als auch die Kombination Englisch – Deutsch lernt
- dass man, wenn möglich, einen kurzen Satz bildet, in dem das neue Wort vorkommt
- dass man anderen das neue Wort in einem oder mehreren Sätzen erklärt
- dass man die Vokabeln regelmäßig wiederholt, am besten mit einer Lernkartei
- dass man die neu gelernten Wörter so viel wie möglich in seinem Alltag anwendet.

Warum fällt es vielen Schüler schwer, nach einem langen Schultag zu Hause gut zu arbeiten?

Das hängt vor allem mit unseren begrenzten Möglichkeiten der Selbstkontrolle zusammen. Sie ist eine begrenzte Ressource und funktioniert so ähnlich wie ein Muskel. Je stärker und je länger ein Muskel beansprucht wird, desto schneller wird er müde. Es braucht dann für die gleiche Leistung noch mehr Willenskraft und Anstrengung. Ähnlich verhält es sich mit Selbstkontrolle. Je länger und je mehr sich Ihr Kind bei den Hausaufgaben kontrollieren muss, desto geringer werden seine Möglichkeiten der Selbstkontrolle.

Ähnliches gilt für die Unterrichtsphase in der Schule. Viele Kinder, zum Beispiel diejenigen, die sich für den Lernstoff nur wenig interessieren oder denen es schwerfällt, lange ruhig am selben Platz zu sitzen, müssen sehr viel Energie zur Selbstkontrolle im Klassenzimmer aufwenden. Das gelingt ihnen mehr oder weniger gut angesichts der Präsenz ihres Lehrers. Am Ende des Vormittags sind ihre Selbstkontrollkräfte aber aufgezehrt. Wenn sie jetzt nach Hause kommen, dann kann es vorkommen, dass es ihnen besonders schwerfällt, sich an die zu Hause geltenden Regeln zu halten.

Deshalb sind viele Schüler nach der Unterrichtsphase innerlich überdreht. Eltern sagen dann oft: »Jetzt ist mit ihm nichts mehr anzufangen.« Oder »Er verhält sich unmöglich.« In Wirklichkeit ist ihr »Selbstkontroll-Muskel« erschöpft. Etwa so, wie unsere Beinmuskulatur nach einer langen Bergfahrt mit dem Fahrrad.

Deshalb ist dann eine Pause sinnvoll, in der Ihr Kind wieder Kraft tanken kann.

Kinder und Jugendliche können sich in der Schule sehr schwertun – und trotzdem als Erwachsene ein zufriedenes und sinnerfülltes Leben führen.

iteratur

Coleman, J. et al. (1966): Equality of Educational Opportunity (A publication of the National Center for Educational Statistics, Washington, D.C.), U.S. Department of Health, Education, and Welfare, Office of Education, 2 Bände: Volume 1: Report, 1966. Volume 2: Supplemental appendix to the survey

Duckworth, A., Seligman, M. (2005): Self-Discipline Outdoes IQ in Predicting Academic Performance of Adolscents. In: Psychological Science, Vol., 16, S. 939–944

Doskoch, P. (2006): Das Geheimnis des Erfolgs: Der lange Atem. In: Psychologie Heute 5, S. 20–26

Dweck, C. (1999): Self-theories: Their role in motivation, personality and development. Philadelphia, PA. The Psychology Press

Eichhorn, C. (1995): Lösungen konstruieren – statt Probleme lösen. In: io-Management 6

Eichhorn, C. (2002): Kompetent ausruhen. In: Tagesanzeiger. 10./11. August

Eichhorn, C. (2008): Gut erholen – besser leben. Das Praxisbuch für Ihren Alltag. Klett-Cotta, Stuttgart, 3. Aufl.

Eichhorn, C. (2008): Gefühlsmanagement für den Job. Erfolgreich durch positive Emotionen. In: ManagerSeminare. 123, S. 28–35

Eichhorn, C. (2009): Souverän durch Self-Coaching. Ein Wegweiser nicht nur für Führungskräfte. Vandenhoeck & Ruprecht, Göttingen, 4. Aufl.

Eichhorn, C. (2010): Classroom-Management. Wie Lehrer, Eltern und Schüler guten Unterricht gestalten. Klett-Cotta, Stuttgart, 3. Aufl.

Eichhorn, C. (2010): Bloß keine Schwäche zeigen. In: Info BARMER-GEK

Furman, B. (2005): Ich schaff's. Spielerisch und praktisch Lösungen mit Kindern finden. Carl Auer, Heidelberg

Götz, T. (2006): Selbstreguliertes Lernen. Förderung metakognitiver Kompetenzen im Unterricht der Sekundarstufe. Auer, Donauwörth

Largo, R. (2010): Kinderjahre. Die Individualität des Kindes als Herausforderung. Piper, München, 19. Aufl.

NICHD National Institute of Child Health and Human Development Early Child Care Research Network (2003): Families Matter – Even for Kids in Child Care. Journal of Developmental and Behavioral Pediatrics, 24, S. 58–62.

Niggli, A., Trautwein, U., Schnyder, I., Lüdtke, O., Neumann, M. (2007): Elterliche Unterstützung kann hilfreich sein, aber Einmischung schadet. In: Psychologie in Erziehung und Unterricht, 54, S. 1–14

Ryan, R., Deci, E. (2002): Handbook of self-determination research. Rochester, NY: University of Rochester

Stednitz, U. (2008): Mythos Begabung. Vom Potential zum Erfolg. Huber, Bern

Stern, E., Neubauer, A. (2009): Lernen macht intelligent. Warum Begabung gefördert werden muss. Goldmann, München

Textor, M.R. (2009): Bildungs- und Erziehungspartnerschaft in der Schule. Gründe, Ziele, Formen. Norderstedt: Books on Demand, ISBN 3-8370-8890-1

Trautwein, U., Lüdtke, O. (2008): Die Förderung der Selbstregulation durch Hausaufgaben: Herausforderungen und Chancen. In: Rohlfs, C., Harring, M., Palentien, C. (Hg.): Kompetenz-Bildung: Soziale, emotionale und kommunikative Kompetenzen von Kindern und Jugendlichen. Wiesbaden, VS-Verlag für Sozialwissenschaften. S. 235–251

Liebe Schüler, liebe Eltern, liebe Leser,

die nachfolgenden Seiten 182–186 sind Kopiervorlagen, die Sie mit ausdrücklicher Genehmigung des Autors und des Verlags Klett-Cotta für Ihre privaten Zwecke verwenden dürfen.

Bitte vergrößern Sie beim Kopieren diese Vorlage, z.B. mit 121% bis 141%, wodurch die jeweilige Seite ca. 1,5 bis 2-fach vergrößert wird!

Viel Freude beim Ausfüllen der Kopiervorlagen, viel Erfolg beim Lernen und die besten Wünsche für immer bessere Noten von

Christoph Eichhorn & Klett-Cotta, Stuttgart

Für die Eltern auf dem Weg zum Lerncoach: **Wie ich mich einstimme und vorbereite**

Wenn Sie die folgenden Punkte bearbeiten, steigern Sie Ihre Chancen, Ihr Lernziel zu erreichen.

Mentale Einstimmung:

Vorteile: Welche Vorteile es hat, wenn ich mein Lernziel erreiche:

Mögliche Hindernisse: Welche Hindernisse es mir schwer machen könnten, mein Lernziel zu erreichen:

Meine Bewältigungsstrategien:

Meine Notfallstrategie:

Für die Eltern auf dem Weg zum Lerncoach: **Mein Beobachtungsbogen**					
Bitte füllen Sie diese Seite täglich *nach* dem Lernen aus!					
	Montag	**Dienstag**	**Mittwoch**	**Donnerstag**	**Freitag**
So fühle ich mich jetzt:	☺ ☺ ☹	☺ ☺ ☹	☺ ☺ ☹	☺ ☺ ☹	☺ ☺ ☹
Ich habe mein Zwischenziel erreicht:	☺ ☺ ☹ ja teils nein	☺ ☺ ☹ ja teils nein	☺ ☺ ☹ ja teils nein	☺ ☺ ☹ ja teils nein	☺ ☺ ☹ ja teils nein
Ich habe mein Zwischenziel heute erreicht, weil:					
Um es auch morgen zu erreichen, werde ich:					
Ich habe mein Zwischenziel heute nicht oder noch nicht ganz erreicht, weil:					
Um es morgen zu erreichen, werde ich:					

Für Ihr Kind: Der Wochenplan					
Worauf ich täglich achte:					
Zeit	**Montag**	**Dienstag**	**Mittwoch**	**Donnerstag**	**Freitag**
14:00 – 14:30					
14:30 – 15:00					
15:00 – 15:30					
15:30 – 16:00					
16:00 – 16:30					
16:30 – 17:00					
17:00 – 17:30					
17:30 – 18:00					
18:00 – 18:30					
18:30 – 19:00					
Mein Rettungsring bei Schwierigkeiten:					

Für Ihr Kind: Das Lerntagebuch *vor* den Hausaufgaben

Teil A: Bitte bearbeite die folgenden vier Punkte während der ersten Woche jedes Monats. Dann kannst du motivierter und besser lernen.

Mein Lernziel:

Die Vorteile meines Lernziels:

Mögliche Hindernisse: Welche Hindernisse mich von meinem Lernziel abhalten könnten:

Wie ich diese Hindernisse bewältige:

Teil B: Bitte fülle Folgendes immer aus, *bevor* du lernst!

	Montag	Dienstag	Mittwoch	Donnerstag	Freitag
So fühle ich mich jetzt:	☺ ☺ ☹	☺ ☺ ☹	☺ ☺ ☹	☺ ☺ ☹	☺ ☺ ☹
Ich bin konzentriert:	☺ ☺ ☹ ja teils nein	☺ ☺ ☹ ja teils nein	☺ ☺ ☹ ja teils nein	☺ ☺ ☹ ja teils nein	☺ ☺ ☹ ja teils nein
Es ist mir wichtig, mein Ziel zu erreichen:	☺ ☺ ☹ ja teils nein	☺ ☺ ☹ ja teils nein	☺ ☺ ☹ ja teils nein	☺ ☺ ☹ ja teils nein	☺ ☺ ☹ ja teils nein

Meine Notfallstrategie:

Für Ihr Kind: Das Lerntagebuch *nach* den Hausaufgaben					
Bitte fülle diese Seite immer aus, *nachdem* du gelernt hast!					
	Montag	Dienstag	Mittwoch	Donnerstag	Freitag
So fühle ich mich jetzt:	☺ ☺ ☹	☺ ☺ ☹	☺ ☺ ☹	☺ ☺ ☹	☺ ☺ ☹
Ich habe die Lernzeit gut genutzt:	☺ ☺ ☹ ja teils nein	☺ ☺ ☹ ja teils nein	☺ ☺ ☹ ja teils nein	☺ ☺ ☹ ja teils nein	☺ ☺ ☹ ja teils nein
Ich war bei der Sache und bin nicht vom Lernstoff abgeschweift:	☺ ☺ ☹ ja teils nein	☺ ☺ ☹ ja teils nein	☺ ☺ ☹ ja teils nein	☺ ☺ ☹ ja teils nein	☺ ☺ ☹ ja teils nein
Ich bin mit meinem Lernergebnis zufrieden:	☺ ☺ ☹ ja teils nein	☺ ☺ ☹ ja teils nein	☺ ☺ ☹ ja teils nein	☺ ☺ ☹ ja teils nein	☺ ☺ ☹ ja teils nein
Ich habe es heute gut geschafft, weil:					
Um es morgen wieder gut zu machen, werde ich:					
Ich habe es heute nicht oder noch nicht so gut geschafft, weil:					
Um es morgen besser zu machen, werde ich:					

Christoph Eichhorn ist Diplom-Psychologe, Supervisor und approbierter Psychologischer Psychotherapeut. Er arbeitet in einer Schul- und Erziehungsberatungsstelle in Graubünden und als Trainer mit den Schwerpunkten Gesundheitspsychologie und Self-Coaching.